十里红妆

何晓道 著

女儿梦

中华书局

十　里　红　妆　女　儿　梦

代序 ◉ 最爱女人的男人

田青

　　每当我听到女人们抱怨男人"不懂女人"的时候，我总会想起一个男人的名字，因为我觉得，即使男人的脑门上都被贴上了"不懂女人"的白纸条，这个男人也可以称得上是懂女人、了解女人和爱女人的男人！

　　他叫何晓道，是浙江民间收藏家和民俗学者，他在浙江宁海创办的"十里红妆博物馆"，用令人赞叹的丰富藏品集中展示了浙江沿海的婚俗，成为民间收藏界的一支奇葩。但是，他始终不满足于"物"的收藏，而努力让"物"说话，让物质文化遗产呈现非物质文化遗产的博大精深。他的这本新著用旧时代与女人有关的器物向读者生动地阐释了古老中国的女性美和复杂的感情生活，他用"女婴"、"缠足"、"闺房"、"女红"、"婚嫁"、"花轿"、"礼俗"、"婚房"、"妻妾"、"为人媳"、"屏画和生殖"、"贞节"、"美红妆"等章节勾画了一个旧中国浙东一带的女人从生到死的生命历程。

　　对女人的美丽，晓道不仅是情有独钟，也不仅是击节赞叹，而称得上是用心来感悟，用智慧、耐心、执著来守护。裹挟着女人梦、女人泪的"十里红妆"也是他的一个梦，他沉醉其中，无怨无悔，同时，他也用他的收藏和研究，给所有的参观者和读者塑造了一个至美的梦境，一个已经遥远、已经朦胧、已经被大多数现代人淡忘了的梦境。他收藏的文物，拉住了历史最后一缕行将湮没的衣裾，把中国古典女人的生活和美丽推到了人们的眼前。

　　美丽的代价却是巨大的：除了人创造性的劳动和智慧，除了中国人在漫漫历史长河中才逐渐培育出的美感和审美能力，除了现代人难以想象的耐心与时间的付出外，还有一代又一代中国女人生命和健康的付出，在女人美丽的背后，深藏着残酷和无尽的悲哀。当然，在"溺婴"、"缠足"这些让今天的中国人感到尴尬和羞耻的历史现象中，还存在着十分复杂的文化背景和它存在的合理性——哪怕是十分荒谬的合理性。

认识晓道，是因为浙江卫视亚妮。当年她拉我去"十里红妆博物馆"和晓道收藏的库房参观，并送我他的二本著作《江南明清门窗格子》和《江南民间椅子》，才认识了这位儒雅的江南文士。老实说，看他的这些藏品时，最令我印象深刻的还不是这些女人的物件，而是他的"百床展"和他精心搜集的古代木雕和门窗格子。一百多张古代架子床的规模，称得上"恢宏"，而明清门窗格子和木雕的精美，更令我对中国古代能工巧匠无与伦比的技艺和艺术品位感到真心的服膺。而当我看到那些他听说某地有老建筑将要被拆便风雨兼程赶去购进的老屋构件，听他说起那些曾经构成"杏花春雨江南"美景的黛瓦粉墙如今渐渐消失的现实时，他那份强烈的人文情怀和对中国传统文化深深的眷恋与痴迷，更让我在感动之余生出一种敬佩。2007年春天，"中国非物质文化遗产节"在巴黎举行，在联合国教科文总部一楼的大厅举办了一个精彩的"中国非物质文化遗产保护成果展"，我作为策展人很自然地想到了十里红妆的藏品。当一顶清代的"万工轿"把中国古代婚礼的尊贵、典雅与精致呈现在各国朋友面前时，我以为，作为收藏家的晓道，应该是快乐和自豪的。

男人当然应该爱女人、理解女人、感谢女人，她们不仅仅给了我们美丽，还给了我们生命和生活。云南作家蒋明初和作曲家万里创作的歌曲《高原女人歌》曾让我在初闻时感到一种心灵深处的触动，就让我用这首歌作为这篇代序的结束吧：

太阳歇歇么？——歇得呢！

月亮歇歇么？——歇得呢！

女人歇歇么？——歇不得！

女人歇下来，火塘会熄掉呢……

十 里 红 妆 女 儿 梦

目录

后　记

● 江南古村图

第一章 女婴

唯有一事，不可饶恕。何事？无子无孙。

浙东宁绍平原和沿海地区，水网密布，土地肥沃，不息的江河浇灌着百乡千村的水田。沿海因通商之便自古信息灵通，思想开化，生活富饶。这里的村庄，约在七千年前的河姆渡时代便有了成熟的农耕文明，许多村族，自汉代起就有完整有序的族谱记录。据调查，相当一部分村落是北宋灭亡后南移的先辈们在南宋时期创建的。

这里的村落，村口通常有古樟或银杏，樟树下有一眼古井，井水甘甜可口；银杏旁有一架水碓，或有牛拉磨坊。村口或是一溪，溪上有卵石砌成的拱桥。村口或有一池，当是荷塘莲田。无论村族大小，村里必有祠堂，堂上供奉着列祖列宗的手绘彩色肖像。人们称祖宗叫太公，这些肖像便叫太公画。

祠堂前有戏台，戏台藻井上雕刻着百鸟朝阳的图案，自下而上螺转着优美的藻井拱顶，五彩贴金，绚丽夺目。逢年过节、农闲庆典，戏台上演出越剧或平调耍牙，传播着善恶、忠奸和贞妇烈女的故事，教化着一代又一代的子民。族长是村里的首长，负责村族礼教制度的实施。他同时管理着数亩

【马头墙】

⊙ 马头墙内，木结构建筑中的人们，世世代代受儒家学说的影响。溺婴便在马头墙内进行。

【太公画】

● （右）古早的太公太婆像，会在清明时节挂于中堂之上，表示对先人的思念和祭拜。只有男性才有资格传承祭祀祖先的使命。

或数十亩公田，其收益用于清明祭祀或族内公益事业。他按照祖先的规定，运营着村族的一切事务。谁家女子是否贞节，是否贤慧，由族内长老评判；谁家子孙不孝，或谁家兄弟不义，必会罚之于祠堂内长跪太公牌位。

祠堂是褒奖贞节、树功立碑之地，堂上匾额多由名家名人书写，世代相传。

在传统社会中，传宗接代是人生大事。与此相应，唯有一事，不可饶恕。何事？无子无孙。

便说村口那高高马头墙下的朱门中，门首门楣上石刻有"亦耕亦读"。清中期建造的四合院方方正正，庭院中由卵石弹压着福禄图案。就是这户人家，据说当年一直未生育男丁，虽然主人已有二房，但生的都是女孩，又纳一妾，竟又连生二女，主人已是五十出头，因为无后，终日惶惶不安。

某日傍晚，家中大小匆匆忙碌起来，说是三姨太已将临产，男主人和老母亲跪在中堂前敬拜太公神灵，口中念念有词，神情万分紧张。忽听仆人急急报告，说三姨太又生了一个女婴。婆婆一声长叹竟昏倒在地，醒来便对儿子说："呆在这里干什么？还不送她回去！"这是溺杀女婴的命令。很快便听见房内凄咽啼声。而天上的月光依然皎洁明亮，星星无奈地闪烁着微弱的光点，秋风凄凄吹来，秋虫切切啼鸣。此刻，一个女婴，一个生命，已被亲生父母溺杀在子孙桶里。

经历过溺婴的老人告诉我，当年年轻，婆婆有不要孙女的意思，丈夫听母亲的话，她自己也求子心切，更无法抗拒家人的意愿，十月怀胎，生育的苦痛，自然有骨肉之情，但在当时竟点头同意溺杀女婴。溺婴亦并非易事，心慌意乱中，一条生命竟如此顽强，胎中婴儿本是在羊水中生长，有时竟需要在马桶内倒入草木灰，才使谋杀成功。老人回忆说，这是极其悲惨的时刻，有过类似经历的母亲，自此之后恐惧生育，恐惧生下女孩，恐惧见到鲜红的子孙桶。

村北野山上常见有石筑方屋，名"孩灵坑"，是专为死婴准备的坟墓，这些石屋，在江南老村旁至今仍然存在，有的石柱上刻着挽联，祭奠婴魂，为婴儿鸣不平。

【祠堂戏台】

◉ 祠堂是传统社会的权力中心，依靠祖先的家法和宗族的长辈，规范着基层人群的伦理道德。

◎ 女婴

9

①

②

  "孩灵坑"中的白骨，已经腐烂，时代已彻底改变，但时时还能见到重男轻女的习俗，在农村甚至有人竟还在使用这远古的孩灵坑。

  这个子孙桶，有的地区也叫马桶，或正圆，或鸭蛋圆形，鲜红如血，用朱砂色料涂染。这本来是子孙投胎的神圣器物，倘若已有男丁，亦借用于女婴生育之用；倘若妨碍生育男丁，则毫不留情地成了溺杀女婴的工具。传统生育，站立而出，故子孙桶上下两层，上层专为母亲站着生育时接儿盛婴，而下层预备热水，以便洗去胎儿中的母液；此时竟为溺杀女婴准备了凶水。

杀婴在春秋战国时便已出现，韩非子曾提及当时人"产男则相贺，产女则杀之"。古代还有所谓"弄璋之喜"和"弄瓦之喜"的说法，意思是倘若生育男儿，便让他穿漂亮的衣服，放在床上，给他玩璋，璋是一种高贵的玉器。而生了女婴便用布片包上，放在地上，给她玩瓦，就是泥做的纺锤，瓦锤自然是低贱之物了。

在男尊女卑的社会中，女性自生下来便面临被亲生父母谋杀的危险，子孙桶是女婴生于斯、死于斯的凶器，其悲其哀，实非今人所能想象。然此风此俗由来已久，离今日亦不远，老人曾经亲眼目睹，或亲手而为之，中年人则时有所闻，但青少年实在是无法接受的。

对这种溺婴之风，清乾隆年间江西按察使欧阳永琦在一份奏疏里作了专门论述："或因家计贫乏，虑目前之抚养维艰，即家计稍丰，亦虑将来之遣嫁滋累，并或急望生男，恐为乳哺所误，迟其再孕，往往甫经产育，旋即溺毙。"（《皇清奏议》卷五十九）短短五十二字，阐明了传统社会

【子孙桶】

● （左1）子孙桶是儿子和孙子及子子孙孙投胎的地方，有时也会借用于女婴生育，但一旦妨碍这户人家传宗接代时，就会成为溺杀女婴的工具。

【马桶】

● （左2）马桶既可以用于接生，还能当卫生器具，但也是溺杀女婴的凶器。生于斯，死于斯，难道这是她命中注定的吗？十月怀胎，骨肉深情，这是怎样的悲剧！

【四世同堂】

● （下）厚重的衣衫，严肃的神情，让我们觉得既陌生又熟悉，如同隔世，确是隔世，又似乎近在眼前。这是我们的祖先，和我们一脉相承。

◎ 女婴

溺婴的原因。

在江南地区还广为流传一则关于溺婴的传说：有一大户人家，有良田千亩，主人年近六旬，正房已经养有二女，纳妾后又连生二女，都被淹杀于子孙桶内，小妾的第三胎又是个女的。有人说，若还只用水淹死她，怕她作怪，冤魂来投胎，下一个还会生育女孩，于是就改变方法，先用水淹，然后坠上石头，沉入江中，好使她永远不得出世。据说那户人家溺婴时有百余人围观，但没有一个人出来制止，反而同情这户人家的男主人老来无子，有的竟还称赞其求子而有孝心。

传统社会中，一般年轻妇女并不参加社会活动，除了操持家务，主要精力便是生育。在多子多孙多福的社会观念推动下，妇女自然生育，多则十余胎，少则五六胎。但溺婴只针对女孩，归根究底，是儒家思想中的"不孝有三，无后为大"的陈腐观念扼杀了这些无辜的女性生命。

在红嫁妆中婚床的柱夹中，对联上雕刻着"多子多孙多

【全家福】

● 孝是传统美德，传统社会中的"孝"是男人对父母和祖先特有的人伦关系。

福禄"，反映出传宗接代的美好愿望。在婚嫁器具的木雕和绘画中，"五子登科"、"百子闹春"的题材十分普遍。男子是传统社会的主人，女性是男性的附属品，因此有"一男半女"的说法。

在现代社会，生命有着超越一切的价值，人的生存权神圣不可侵犯。但在中国近二百年的苦难历史中，天灾人祸让百姓饱受苦难。因为封建礼教的残害，女婴最基本的生存权被无情践踏，甚至由亲生父母来实施谋杀，不能不说是人类最大的悲哀。

【五子登科】

● 多子多福，是传统社会的不懈追求。科举制度只为男人而设，社会上占绝对优势的是男人，男人是金而女人非银非铜，如同路边草芥。这样的社会标准如何不让有幸活着的女人一生流泪呢？

● 缠脚架和缠脚布

第二章 缠足

"小脚一双，眼泪一缸"，泪水铸就了"三寸金莲"。

旧时判断女子是否美丽高贵，主要标准不是拥有娇美的容貌和优美的身材，而是一双小脚。"三寸金莲"是当时对女子最重要的审美标准之一。

现在，缠足的习俗早已是过眼云烟，但许多人依然怀着好奇之心回眸曾经发生在中国妇女身上的往事。

三寸金莲以及相关的内容在学术界被称为"莲"学。"三寸金莲"，把小脚比作大自然中美丽的莲花，这是多么"美妙"的称呼。

在相当长的时间里，人们一直认为缠脚是对妇女无情的摧残。毋庸讳言，缠脚确有对妇女压迫的一面。但民俗的存在总会有其特定的理由，因为它是在一定的历史时期、一定的社会背景下广泛被民众所接受才得以流传的。我们无法也没有必要彻底否定。在这里，我们不是在基本定格为"残害妇女"的结论下，否定缠脚的习俗，只是希望通过介绍一些事实，尽可能客观地解读缠脚这一文化现象。

村内最后一个缠过脚的老婆婆已经过世了。邻村尚有小脚阿婆健在，大多数都已经九十余岁了。我的外婆也是"三寸

【古代缠脚女孩】

● 无知幼孩如何明白世道的艰辛？父母为她的未来计议，不得已迫使她缠脚。她也只能强咽痛苦、强咽滴血的苦难，坚信父母的选择。

⊙ 小脚成了性的意味和
象征，是男人对女人神
往的重要肢体，又似乎
是刻意为男人塑造的香
诱。

十里红妆女儿梦

金莲"，因为她是地主婆，吃尽了苦头，不到七十岁便离开了
人世，但外婆大家闺秀的气质依然在我脑海里时时浮现。

在江南地区，缠过脚而且健康生活着的阿婆已经越来越
少了。宁海梅林镇下河村有位阿婆，生于1904年，已经是光
绪晚期。因为我老是去问她一些关于传统女人的事情，便也
和她成了忘年交。她告诉我，她家并不富有，没读过书，但
缠了脚。她缠足时恰是民国初年，后来她做女红，编金丝草
帽出售，贴补家里的生活。阿婆十七岁时结了婚，嫁给三十
岁的泥水匠。结婚那年，军阀孙传芳在浙江打仗，结婚后便
逃到了山上避难。我从她那儿了解到许多关于传统女人的往
事，但更多的是关于缠脚的。

阿婆的脚很小，不怎样精致和美观，她说她是一般人
家，大户人家会有专门从事缠脚的"姨娘"负责造型。阿婆

说，直到现在，一碰上刮风下雨，她的小脚都会酸痛。这实际上是残废啊。但阿婆说，男人关注小脚，女人脚小，被人称赞；倘若脚大，一生都会被男人看不起，被男人看不起才是女人的悲哀，缠脚时的痛苦早已忘记。女人若没有一双小脚，一生会羡慕别的女人有小脚。阿婆奇怪地问我："现在你们要看小脚，我就不懂为什么了？"现在我们关注小脚又是为什么呢？阿婆的话提醒了我，我竟一时没能用简单的理由回答阿婆的提问。

我们关注小脚，难道只是对曾有过的往事好奇吗？

《女诫》中说："阴以柔为用，女以弱为美。"女子本来便弱小，支撑生命的脚缠成小脚，自然更是虚弱。而这虚弱在当时竟成了男人评价女性美的标准，"女为悦己者容"，因为男人的审美需求，自然就成了传统女性的追求。

缠脚之风，由来已久。传说这原本是五代南唐宫廷里男人对女子的恶作剧。宫内太监们为了娱悦主子，把年幼女子残酷地塑造成小脚、细腰和垂耳等不同的肢体形状，供主子变态的享乐。后来，缠脚之风流传到宫外，经历两宋，至明朝已经流行。明代徐祯卿记载了明初一个故事。洪武初年，南京街头出现了一幅漫画，画面是一赤脚妇女怀里抱着一只西瓜，这位妇女是大脚。这幅画被朱元璋看到，他认为这是讽刺他的马皇后，怀抱西瓜是说马皇后是淮西女人，赤脚暗喻皇后是大脚女人。朱元璋气愤地寻找作画人，没找到，就把一街的人都杀了。这个残暴的故事是否真实，我们不去考证，但它反映了在明代初年，

【天伦之乐】
- 昔日的缠脚女孩，如今已是耄耋老人，往昔的伤痛，已经消融在浓浓的天伦之乐中。

- 轻巧、精致的小脚女人，是传统社会塑造的艺术品。而通过双脚的塑造，也塑造了传统意义上的美妙女人。

人们早已鄙视天足，偏爱小脚，可见那时缠脚风气之盛。

　　清朝入关，满族妇女不缠小脚，康熙初年还明令禁止缠小脚。但这与汉族士大夫的思想和社会风俗严重不合，因此不久便"宽民间女子裹足之禁"，康熙七年，不得不取消了这项禁令（冯尔康、常建华《清人社会生活》）。可见一个民族的民风民俗，总是有顽强的生命力，不会因政治原因而轻易地消亡。

　　宁波人讲"小脚一双，眼泪一缸"，泪水铸就了"三寸金莲"。在红妆器物里，有用绚丽朱砂色料漆底，24k纯金点饰的缠脚架，上面刻着龙首或凤首，有的刻着蝠或鹿，中间有转轴，用于卷缠脚布；下面有个架面，是专门用来缠脚的台子；台面板下尚有小抽斗，用来放剪刀之类。这种缠脚架华美精致，实际上是传统女性缠脚时受刑的手术台。

　　缠脚的工具，除了上述的缠脚架，还有用朱砂涂染、黄金装饰的缠脚铐，这种缠脚铐雕刻着蝠、鹿图案，犹如精美的儿童玩具。缠脚过程中，当女孩无法忍受疼痛而拼命挣扎时，就用这样的脚铐铐住女儿的腿，使她不能动弹，此时母亲的眼泪也是止不住地流，口里会说："女儿啊，不是娘心狠，你要熬住啊，没有一双小脚你怎么能嫁入大户人家啊。"在场的人也都会暗暗落泪，但又不得不装出笑脸，抚慰年幼的缠脚女孩。

【三寸金莲】

● 一双三寸金莲，指一双小脚；金莲小鞋，是小脚的符号，是小脚的延伸。至今，小脚已很少见，而小鞋便自然成了"三寸金莲"的称谓。

【缠脚铐】

●（下）当女孩无法忍受缠脚的疼痛而拼命挣扎时，脚铐就有了用武之地。脚铐能铐住女孩的小腿，使其双脚不能动弹，顺利达到缠脚的目的。

【缠脚架】

●（右）这么精致的缠脚架，让人误以为是绕线用的。事实上只有缠脚才需要如此精美的器物，虽然小脚不能让人看，但缠脚却是要张扬的。缠脚架便成了象征女子美丽的特殊器物。

有人会问，缠脚为何一定要有个架子？是的，即便不用精美的缠脚架，也可以将脚压在凳子上或桌子上缠脚。但因为缠脚是大事，不能随便，需要有个架子，恰如睡觉要有个床，而且要有个精工细作的雕床，这样才显示珍贵，显示"三寸金莲"的地位。而缠脚架便是炫耀女子三寸金莲的明证，自然会在婚嫁过程中作为重要的嫁妆来炫耀，因而也就需要精工细作，雕龙刻凤了。

缠脚时，先将双脚浸泡在热水中，待脚温热后将拇趾外的四个脚趾向脚底弯曲，紧紧贴住脚底，并在脚底下涂上明矾，用缠脚布包上。缠脚要求双脚弓曲短小，脚底中间形成一个深深内凹的凹陷，只有大脚趾孤零零地向前伸展，其余四趾都被压得贴伏在脚底之下，一字排列。就是这种现代人看来是畸形而且奇丑无比的小脚，却被当时称为"美足"，被男人视为"珍品"。

长长的缠脚布，一层又一层，紧紧地缠在五六岁小女孩嫩弱的小脚上，阻断了流通的血液；一层紧一层，越缠越疼痛，直至把原来正常的脚骨裹得变了形而且结构重新组合为止。解开缠脚布时，皮肉不清，脓水、血水，加上女孩的泪水，混成一片，哭声动天，惨不忍睹。

从现在所能见到的阿婆们的小脚和X光透视图上看，小脚上的脚趾斜排在脚板底侧，脚板边已消失，脚趾骨被扭曲而

变形，天然的骨骼结构已经损坏而进行了重组。把自然的生命骨肉扭曲成如此模样，让今天的人唏嘘不已。这样的经历在我们上一辈女人身上真真切切地发生过，这是她们生活中的重要内容，她们苦苦坚守着这千百年来的习俗。这些阿婆们至今依然生活在我们身边，只要你有心关注，就可以找到她们，可以去和她们说说话，了解她们的往事。

从晚清和民国初年遗存的老照片上看，女孩缠脚后脚上包裹着厚厚的缠脚布，脸上没有一丝童年应有的快乐，行动也极不方便。缠脚给女孩的身心造成了极大的伤害。

母亲摧残女儿，强迫女儿缠脚，在今天看来实在是残忍，但在传统社会中确是合乎情理，并且是天经地义的。女子若是天足，"母以为耻，夫以为辱，甚至亲串里党，传为笑谈；女子低颜，自觉形秽"。父母要女儿缠脚，丈夫要求妻子小脚，是因为社会舆论耻笑大脚。浙东流传着"三寸金莲，四寸银莲，五寸六寸不要莲（脸）"，"三寸金莲"成了女子最基本的审美标准。

对传统妇女影响十分广泛的《女儿经》上讲：为什么事缠了足，不是好看如弓曲，恐他轻走出房门，千缠万裹来拘束。《清苑诗谣》上也有记载：裹上脚，裹上脚，大门以外不许你走一匝。缠脚的目的是为了让女子行动不便，不能出门到社会上去活动，而只能在家操持家务，似乎这样就能保持贞操。这是男人制服女子的一种手段，也是女权丧失的体

【小脚透视图】

● 小脚是美是丑，各时代有不尽相同的观点。但把自然的生命骨肉扭曲成如此模样，真是让今天的人唏嘘不已。

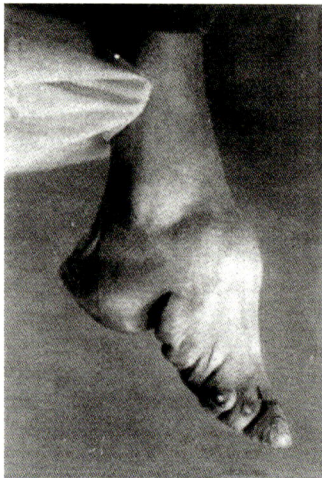

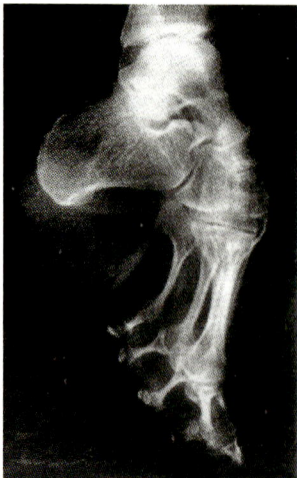

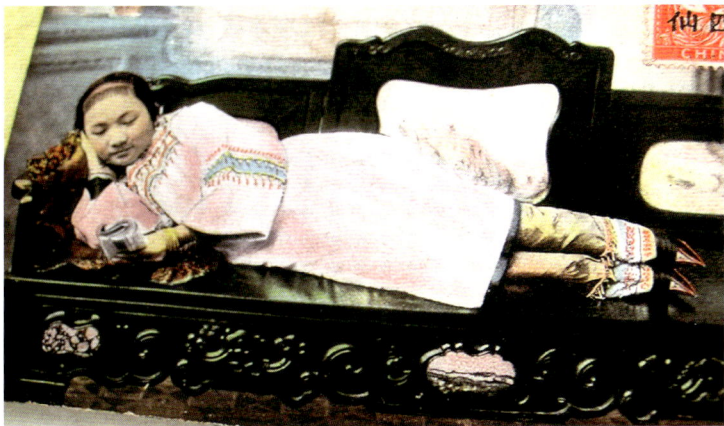

○ 图中小脚女人臀部很
大。缠脚能否使生育快
便，只是推论，尚需科
学的论证。但又有什么
办法回到缠脚时代，来
证明这个推论？

现。男性为了掩盖这种赤裸裸的压迫，把缠脚说成是妇女应
具备的品德，以便她们服服帖帖地服侍丈夫。

男人要求女子缠脚，还有着玩弄女性的所谓"美学"内
容。缠脚的女子，走起路来步子小且慢，看上去端庄文静，
显得轻盈飘逸，姿态优雅，如同赵飞燕那样轻巧，纤纤细
步，精妙无双；特别是小脚女人打秋千，雪中行走，别具姿
态。小脚女人行动不便，行路艰难，也更能体现纤弱之美，
男人不由得生出爱怜之心，强男弱女形成鲜明对照，更显示
出大男人的气概。

在大量存世的明清春宫画中，玩赏妇女小脚是传统性爱
的前奏，也是表示情爱的重要象征。红嫁妆中的木雕和绘画
装饰中也有丰富的浪漫题材，有男人捏妇人小脚，也有女子拉
汉子的胡须。这些画面在嫁妆中成了主要题材之一。

目前有学者又提出一个观点，认为缠脚能使骨盆增大，
利于妇女生育。这就为传统妇女缠脚找到了科学的理由。但这
样的观点还只是初步的推论，有待专家和学者更好的论证。

清末，西风东渐，上流社会开始重新审视缠脚习俗，认
为缠脚是人为地破坏大自然给予人类最正常的生理发育，反

缠
足

【半春宫小脚女人图】

● 女人为了美，是不惜一切代价的。当男人津津乐道于女人的小脚时，便是女人缠脚所付出的回报。

映的是一种病态审美观。崇尚小脚，实际上是把丑陋当作美丽，是对自然美的糟蹋。脚的大小，与妇德、妇容没有关系。不仅如此，缠脚还是违反仁义的，是不道德的，因为"天下事贵于自然，不贵造作，人之情行其易，不行其难"。要妇女缠脚，违背人的本性，也无益于民生，是残暴之举。

戊戌变法中，维新派坚决反对妇女缠脚。当时，康有为在南方组织放脚会，会员达万余人，全国各地积极响应。尤其是女子，更是集体示威，要求放脚。

放脚风气一开，深受社会欢迎，前卫家庭不再缠脚，开始放脚。审美观念也随之改变，以天然脚为美，以小脚为丑，认为缠脚之风是中国历史上女子的奇耻大辱，也是民族的耻辱。

21世纪的今天，缠脚已成为历史，小脚妇女早已成为古稀老人，小脚自然也成为稀罕之物。当今，瘦身减肥成风，纹身也悄然兴起。田青先生言："自古以来，妇女追求她认为的美，是不惜代价的。"我们无法评定和理解传统妇女缠脚的真实民俗现象，正像我们无法明白时尚女性为何瘦身、纹身成风。

不知何年何代，国外开始流行高跟鞋，这种前低后高的小面积落地支撑身体的鞋子，竟然和小脚女人穿三寸金莲一样达到挺胸收腹改变女性形态、体现女性体形线条的目的，使女人更性感和自信。

高跟鞋是利用鞋的高跟科学地达到人们认为时尚的女性美；而缠脚，却要残酷地改变人体自然生长规律，通过改变内因最终达到由里而外的当时所谓的美的效果。

我问九十二岁的陈氏阿婆："您后悔缠脚吗？"

阿婆说："没有后悔过，因为我一直认为脚小是值得骄傲的。"

"如果您的玄孙女去缠脚，您同意吗？"

"我当然不同意。"

"为什么？"

"现在和从前不一样了。"真是此一时，彼一时也。

◎ 缠足

◉ 梳妆镜箱

第三章 闺房

"可怜望春春可怜"，闺房让人滋生无限的遐想。

小姐楼，亦称绣楼，楼上便是闺房，在江南古村里至今时有发现，但早已改作它用。上世纪50年代初土改时，有的分给了流浪回家分田分房的老光棍。这些小姐楼上精致的木雕饰件，以及闺房内的淡淡清香，老光棍是无法消受的，因此，不久便被肆意毁坏。而今留下的，是一派败落和凄美。但在江南农村，最让人津津乐道的依然还是小姐楼，昔日的小姐早已成为老妇人，并且大多已经作古，但小姐楼和小姐的故事至今流传着，以后还会继续流传下去。

传统社会中妇女的贞节和生命一样重要，男人可以有三妻四妾，但对妇女却是刻薄至极。女人一旦失去贞节，在男人心目中，其生命的精神也将消亡，命运便可想而知。

传统妇女贞节观并非指红杏出墙，而是迫使妇女遵循封建社会固守的一系列规定，如夫亡而不可再嫁，十几岁、二十来岁的亡夫之妇必须终生独守空房，孤灯清影，了却余生，美其名曰"贞节妇"。甚至有的虽有婚约，但尚未过门，未婚夫亡故也必须举行冥婚，与死人结婚。江南农村现存的贞节牌坊和贞节匾便是见证。

【小姐楼门】

◉ 小姐楼已经额毁，只留下破落的楼门。传统小姐已经成为戏剧、影视和绘画中的艺术形象。

27

○ 让人津津乐道的是小姐楼。小姐早已成为老妇，并且大多已经作古，但小姐楼和小姐的故事依然流传着。

　　闺房是传统社会维护所谓的贞节的第一举措，富贵人家的女儿不到十岁，生理上尚未进入青春期，或青春期初始便进入闺房。有的富家大户事先建造好小姐楼，楼不大却精美雅致；有的让出厢房，为女儿专设闺房，自此，小姐生活所需皆由丫头送达。小姐不但不可下楼，就连窗外也不可张望，只有母亲、姐妹时来探望，阿姨、婶婶也可以走动。在闺房内静修妇容、妇德是小姐最重要的"任务"。

　　小姐床是闺房的主要家具，小巧玲珑，似乎依然透出小姐神秘的清香，睡觉时雅美的小姐床衬托了小姐美妙的体形。雅床美体，依然是今天的文人雅士闲时想象的梦幻。

　　小姐床的床檐、挂落、枕屏上雕刻或绘画着不同的民间传说或戏文中守节的故事，教化着少女的灵魂。床两边是大红衣柜、衣架。闺房里有小姐专用的椅子，称为小姐椅，座侧有一个小抽屉，可以存放三寸小鞋。

闺房小姐穿的金莲小鞋是红色的，也只有未出嫁的女子才配穿红缎底料的三寸小鞋，结了婚便只能穿青布底色绣花的小鞋了。这时，缠脚已到后期的保养期，骨骼已经定型，不再有撕心裂肺的痛苦，这给闺房内的小姐带来了些许轻松。

　　闺房内必备的沐浴桶也叫"浴香桶"，分圆形和鸭蛋形两种，与现代浴缸一般大小，用圆木制作，依然是朱砂涂染，鲜红鲜红。

　　大浴桶内放个小板凳，红得可爱。大浴桶边上放个小拗斗，小得可爱，是盛水洗发沐浴用的。当年美学家王朝闻先生写过一文《拗斗，拗得有理》（《美术》1999年第一期），说是拗斗手把往里拗进，由沐浴者本人提起小拗斗，高过头往下浇水才适用。使用时不用佣人帮忙，自己洗发淋

【闺房小姐】

● 江南闺房中的女子清瘦美丽、多愁善感。这春风细雨怎不生出许多落泪的梦来！

【小姐床】

⊙ 精美雅致的小姐床是江
   南女子自身的写照。小姐
   在这样的小床上做着甘
   甜的美梦，是何等美妙！

浴，如贵妃沐浴，其姿势如反弹琵琶，体态何等优美。那年王朝闻先生八十有六，联想妙极，仅用小捞斗一件，从美学的角度，把男人对女性美的联想轻松地写就一篇美文。

无独有偶，有位画家曾作一画，画了闺房内浴桶鲜红如血，桶内肌肤洁白的古代绝色佳人，用青布悠然沐浴，其洗浴姿态美不可言。2006年，应台湾传统艺术中心邀请，十里红妆博物馆赴宝岛举办"十里红妆闺阁肚兜展"，展示了数百件传统肚兜，同时营造了一个传统闺房，闺房内床席、绣具、琴书样样齐全。小姐、主仆身穿肚兜，轻纱薄裙，或静卧小姐床，或扶琴弹吟，或飞针走线，或捧卷阅读，表现了闺阁生活和情怀。展厅外则由门窗格子相隔，置纱帐，似通不透，观之朦胧，隔着男女有别，隔着历史时空，让女性看到了女子从前的安适和无奈，让男子看到了现代人无法实现的另一种关于女人美和情的联想。

"青春正二八，生在贫寒家。绿窗春寂静，空教貌如花。"闺房内女儿家多半是自恋的，在她爱上一个男人之前，她先迷恋的人便是她自己，她最好的闺房朋友是镜子。从明清言情小说和一些古典诗词以及戏剧艺术中看，镜子里女人自己的影子也会让她羞得低下头来。

"可怜望春春可怜"，闺房在当年让年轻人滋生出无限的遐想，闺房外的贫家女儿羡慕闺房内的小姐幸福，闺房内的小姐向往闺房外的自由世界；那些读书的公子哥们则朝思暮想一窥闺房。

《红楼梦》第二十六回，有潇湘馆黛玉闺房内黛玉和宝玉生活情境的一段描述：

（宝玉）走至窗前，觉得一缕幽香从碧纱窗中暗暗透出。宝玉便将脸贴在纱窗上，往里看时，耳内忽听得细细的长叹了一声，道："每日家情思睡昏昏。"宝玉听了，不觉心

【浴香桶、捌斗、提水桶】

◉ （下）小捌斗是小姐在闺房内沐浴的用具，也是最具隐私性的生活器具。

【小脚椅】

◉ （右）小脚椅，也叫小姐椅。椅侧的小抽斗专门存放袜子、小鞋、剪刀、缠脚布等与小脚有关的物品。这些物品是女性的隐私，自然要有隐秘的空间收藏。

内痒将起来。再看时，只见黛玉在床上伸懒腰。宝玉在窗外笑道："为什么'每日家情思睡昏昏'的？"一面说，一面掀帘进来了。

林黛玉自觉忘情，不觉红了脸，拿袖子遮了脸，翻身向里装睡着了。……黛玉坐在床上，一面抬手整理鬓发，一面笑向宝玉道："人家睡觉，你进来作什么？"宝玉见他星眼微饧，香腮带赤，不觉神魂早荡，一歪身坐在椅子上，笑道："你才说什么？"黛玉道："我没说什么。"

也只有这贾府的情种贾宝玉才可以行走在闺阁少女们之间。闺房内的日常生活十分封闭，女子大多只限于在女眷、

婢女间活动，精神上自然十分空虚，便出现了《牡丹亭》故事中的女主人公在闺房中的梦幻。这杜丽娘春日的梦境被作者写得神奇而生动，在"春啊，春啊……"的唤呼声中，梦神将她带到花丛明月之中，她与梦中情郎柳梦梅相遇并相爱，梦醒之后，情伤愁病而死。死后，杜丽娘的游魂找到柳梦梅这个在世的人，魂人相见，如同故友，魂令人掘坟而使其再生。复生后，几经周折，成就了婚姻。这个离奇的故事，把女人的梦和女人的爱表现得虚幻无常。正是因为女人的爱情是无奈的、虚幻的，才有许许多多生与死的爱情，才有许许多多虚无奇妙的梦幻。这当然是美好愿望，但在现实生活中，闺房里的大多数女子是没有这样的福分的。

闺房内有着青春年华的小姐总是会奇思异想，心神不安。闺房内外演绎了多少才子佳人的离奇爱情故事。最著名的要算大家熟知的《西厢记》中张生偷情崔莺莺。"似这等泪斑宛然依旧，万古情缘一样愁"，这西厢之中、闺房之内，又有多少女子真正能静修深养。这青春的骚动，这生命之火的燃烧，又如何能让聪明的女子得到真正的平安？

【红妆木雕板】

◉ （上）闺房是青春女子梦中的天堂。杜丽娘的春梦只是文人士大夫的美妙幻想，更多的是春的寂寞和愁怨。

【雕板小姐公子】

◉ （左页）雕板上刻着小姐楼上主仆生活的景况，而楼下公子哥儿则仰望着小姐倩影。

○ 西厢已经是闺房的代名词，闺房的情丝缠绕在西厢深闺之中和巍巍高墙之外。

在许多民间传说和戏剧中，总会有张生、莺莺和红娘式的人物故事，闺阁情怀已成了千古绝唱。有诗曰："春梦随云散，飞花逐水流。寄言众儿女，何必觅闺愁。"有联曰："春恨秋悲皆自惹，花容月貌为谁娇。"这些诗联是闺房小姐内心世界的真实写照。

富家大户的青春少女留下了许多美丽的闺房故事，即便是偏野之地的贫寒人家，青春少女也关不住生命之火，农家寒舍也有春情消散的故事，最凄美和悲怆的故事要算是桃花美女。相传一位少年秀才，春天去城里赴考，途中经过一片桃花林，见桃花丛中有一草屋，自觉口干，便随手敲门，讨杯水喝。谁知开门的是一位青春少女，美貌如仙。这少年秀才多情，这门中少女怀春，便在讨杯水喝之际，一见钟情，相爱并且相交。事毕，秀才匆匆道别赶赴城里待考，第二年春天考后回乡，又经过这片桃林，想起去年春天之事，便推门，不见有人开门，于是在门上题诗一首："去年今日

此门中，人面桃花相映红。人面不知何处去，桃花依旧笑春风。"题毕，忽见身后立一老农，便求问："此门中曾有小女，不知今日何在。"老农长叹一声，说那小女子是他的女儿，自小娘亲亡故，父女相依为命，终于长大成人。谁知去年春天，来了恶少年，竟与少女作孽，此后少女日夜思念，最可怕的是春后肚子渐大，不知如何是好，无颜见人，便在夏日里忧怨而亡。少年听罢，如五雷轰顶。求问："葬于何处？"老农手指一丘新坟，坟上春花灿烂，少年跪哭不止。凄美的故事广为流传，成了千古绝唱。

尽管闺房西厢和乡野僻里发生了许多关于情的故事，但闺房仍旧是传统社会妇女贞节和操守的需要，也是封建社会里男人对女子极端自私的要求。闺女成了媳妇之后，直至年华老去，她都会说自己是小姐楼里闺房内长大的，以此炫耀自己的高贵和贞节，这是她一生自豪的本钱。

闺房内最主要的工作，当然是练习女红，但琴棋书画也是闺阁少女们的必修之课。为了将来能够同或是秀才或是举人或是儒商的丈夫一道生活，掌握基本的文化知识，是富贵人家的女儿重要的修身内容，闺房已成了女子学习技艺和领悟生命的学校。即便是女仆，也会和小姐一道，读书习艺。

◎ 闺房

37

【梳妆镜箱】

◉ 凤凰是百鸟之王，其图
案寓意高贵吉祥。

【梳妆镜箱】

◉ 精美的镜箱是精致生活
的直接体现。

【梳头桶】

● （右页上）绍兴地区梳妆用的是梳头桶，提手只能略往后倾斜，可以把镜子放在提手中间。

【梳头箱】

● （右页下）台州地区梳妆用的梳头箱，设计得和缩小的床一样。

在传统戏剧里，经常可见聪明的丫环和小姐在闺房内打闹调笑的艺术形象。

传统社会，有志向的男人读书追求功名，这是男人的最高人生追求；女子则在自己的闺房里创造自己的人生价值，"十五弹箜篌，十六诵诗书"。这些月琴、琵琶是小姐在闺房内练习和演奏的专用乐器，造型上体现了与女性特征相吻合的优美线条及和谐的韵律感。

富贵人家会给闺房命名，如《红楼梦》里描写的林黛玉之潇湘馆、薛宝钗之蘅芜院，并且闺房名称的意境与其性格及命运亦相吻合。

普通人家没有西厢，只有单间小屋，但父母必会要求闺女守在房内，不可轻易外出或结交陌生之人，虽青衣素装，但对儿女的要求是一致的。守身如执玉是当年对女儿的基本要求。

为了让闺房内的女儿行动稳重，父母会让女儿带上玉手镯，让其走路时轻移莲步，不许大脚大手，以防打碎腕上的玉镯，在呵护玉镯的同时，女孩行动自然稳重，数年下来，有家教的小姐便显得端庄大方，有大家闺秀之风。闺房是妇德的修炼之处，也是妇容的练习之所。

"士为知己者死，女为悦己者容"。传统社会自来便注重礼仪，"容"是传统社会对女子的基本要求。纯粉扑面，黛眉轻施，古代的妆粉是以米粒研碎后加入香料而成的，故"粉"字是粉碎了的米。也有在米粉中掺入花粉、珍珠粉、益母草等成分，制成"玉女桃花粉"，是色香俱佳的名贵香料。和化妆粉配套的还有胭脂，用于点唇。

闺房内有梳妆打扮的镜箱，镜箱内存设梳子和各式首饰。尤其是梳头的镜箱，每个地方都有不同的形式和使用方法。皖南地区流行的是一面屏风，屏风前是镜台，台下设三

【发篓】

● 民间风俗认为，梳落的头发是母亲的精血，要放在发篓里，并定期掩埋。

个抽斗，存放首饰和梳妆器具，形似佛台。

宁波地区流行的梳妆台台面四角有四个狮子望柱，下设抽斗，存放梳妆器具，镜子便放于狮子望柱中间。台州地区的则是一个缩小了的床，床面打开是盛放梳头器具的箱子，而床底下横藏一个抽斗，很有特色。

绍兴地区的叫梳头桶，桶上有提梁，提梁可以单边放倒，但不可往后倒，往后有个靠山。提梁上雕刻和合二仙人物，这和合二仙人物上便是放镜子的支架，构思巧妙。

闺房里还有一个发篓，女子散落的头发是生命的组成部分，也是母亲给予的精血。民间有种传说，说女子梳落的头发会被死去的母亲在阴间吞食，所以女子要将每天梳落的头发收集在发篓里，并且定期掩埋，以免母亲受累。头发又称青丝，竟和情丝有着紧紧的联系，"青丝缨络结齐眉，可可年华十五时。窥面已知侬未嫁，鬓边犹见发双垂。"这是《竹枝词》里的词句。头发是传统女子情感的直接载体，一缕青丝，寄托了女子对男子的情丝，生离死别的爱情常常以青丝相赠。

洗脚，是闺房里小姐的重要隐私之一，是不能让外人看到的。闺房内的洗脚器物小巧玲珑，也是一种隐私，是男人暗暗关注的物品，甚或有着性的意味。电影《大红灯笼高高挂》中有四太太洞房前洗脚的剧情：四太太进洞房后，按照这户人家的规矩，仆人给四太太洗脚后用木槌轻轻打击她的足底，使她脸上闪现奇妙的潮红，然后男主人让她举起灯，抬起头来，把脚和性表现得十分生动。

女子出嫁时，会把闺房内使用过的器物当作嫁妆如数嫁往夫家，一来是女儿的私有财产，二来证明少女时代的贞节和操守。

唐代的《女论语》不厌其烦地告诫女子："行莫回头，语莫掀唇。坐莫动膝，立莫摇裙。喜莫大笑，怒莫高声"，系统地规范了女子的言行。

在古代，男子有接触外面世界的自由。对于禁锢在封建礼教制度下的闺房女性来说，首饰寄托了她们对心上人的情思。

手镯：戏剧《拾玉镯》是家喻户晓的故事：少女孙玉姣坐在门前绣花，被小生傅朋见到，傅朋爱慕上了孙玉姣，便借故和她说话。傅朋的多情也打动了孙玉姣的心，傅朋故意把一只玉镯落在她的门前，孙玉姣含羞拾起玉镯，表示愿意接受傅朋的情意。

而今仍然不时可见女子戴着美丽的手镯，古典与现代不经意之间溶为一体，成就了一种古典式的时尚。

耳环："何以致区区？耳中双明珠。"穿耳习俗由来已久，唐代《节妇吟》便有"还君明珠双泪垂，恨不相逢未嫁时"的诗句。耳环或纯金打制，或银制镀金，或嵌白玉、宝石、珍珠、玛瑙，或翠鸟羽毛贴面装饰，玲珑雅致。耳环作为定情物的习俗一直流传到现在，至今江南农村定亲必会有一双金耳环送去女家。

玉佩："何以结恩情？美玉缀罗缨。"古人把美玉比作君子之德，具有仁、智、义等君子品节。罗缨是装饰玉佩的彩须。女子出嫁时系在腰间的彩色丝带，表示人有所属，

◉ （上）头钗一分一合，有
情人一散一聚之寓，这寄
情信物便有了灵魂。

【银簪】

◉ （下）簪若有情有缘，何
须镶珠点玉。

名花有主，也是成婚的标志。有种一石二品的玉饰，成双搭
对，有凤凰，有狮子，一公一母，可分可合，是专为定情制
作的玉佩，是她或他一生重要的爱情信物。《红楼梦》中宝
玉和黛玉似乎隐约中天生便有一对美玉。可是最后以悲剧收
场，也许是曹雪芹由玉佩而生出的故事罢了。

钗：也称头钗、发钗，有各种珠宝点饰于头钗，也是传
统爱情的寄情信物。古代妻妾或恋人有赠别的习俗，女子将
头上的一对钗一分为二，一个赠与对方，一个留在头上，睹
物思亲，待日后重逢时再合在一起。

簪："何以结相于？金薄画搔头。"搔头是簪的别称。
相传古时有位女子，为远方的情人准备了一支簪子，簪头上

加两颗珍珠还觉不够美，再串上玉饰，她把对他的思念都倾注在这支簪子上了。却未料"闻君有他心"，于是她把那簪子烧掉了，从此，"相思与君绝"。

簪插在头发上，人走一步，簪摇一下，人们干脆把簪生动地别称为"步摇"。

戒指：戒指自古至今都是结婚的定情之物。用戒指定情的习俗，东方人和西方人不约而同，不知是谁先谁后，谁学的谁。戒指信物最小，对女子来说却有难言的情怀，分量自然最重。戒指能圈住情，似乎只是美好的愿望。但无论如何，直至今日，这定情的戒指依然是婚恋必不可少的信物。

同心结：同心结也是古人表达情感的信物。女子用连理线，穿上双针，将丝丝缕缕的锦带编成各式同心结，绵绵思恋也都蕴含其中了。相对其他信物，同心结更含蓄，而且深深地融入了恋人的巧妙构思。

红豆："红豆生南国，春来发几枝。愿君多采撷，此物最相思。"自古以来，红豆作为恋情的信物，象征着男女性器中最敏感的部位，自然是古人有意识的浪漫想象。明清饰品上红豆外包镶着白银，连接着银链条，是男儿或女儿垂挂在内衣中腰带处的隐私之物。

这些首饰，这些信物，这些情，这些梦，是闺阁文化的重要组成部分，也是闺房女子酿造的酒，这酒名叫"女儿红"。

◎ 闺房

45

◉ 女红图

第四章 女红

我家中收藏了许多荷包、香袋、霞帔、枕头套、肚兜，是用十余年时间从市场里挑选出来并在经营过程中再筛选的成果。这些绣品精工细作，品相优良。我尤其喜欢的是绣品的色彩搭配和人物的形象塑造，既见俗，又见拙，透着俗拙到底的美妙，相映传统女子秀丽的面孔和纤纤如玉凝脂的巧手，百看不厌。绣品一针一线，不惜工时制作，是闺房女子青春岁月用心创造的艺术。

"十三能织素，十四学裁衣。"女红（即女工）是纺纱、织带、刺绣等针线手工的概称。这是女子一生从事的手工技艺，更是与女子的婚嫁连在一起，成了婆家选择媳妇的重要依据。

传统婚姻是由媒婆联络而成，媒人把小姐所做的针线活，如绣鞋、荷包、枕套等送往男家，男方家从这些作品的针线手法、色彩搭配、精致程度来品评小姐的品格。从绣鞋的大小可知小姐脚的大小，从绣鞋的形状中可以了解小姐金莲造型是否优美，从绣品针法是否精湛可以想象小姐是否聪明灵巧，性格是否安静而富有耐心。由女红作品来评定小姐

【嫁妆木雕选蚕种图】

⊙ 从养蚕开始，采桑、缫丝等都是传统女性须掌握的技能。

【嫁妆木雕牵经缫丝图】

⊙ 纺织是最古老的劳作工
　种，也是女人的专职工
　作。

的品质素养，从而决定这门亲事成功与否。女红成了传统女子终身大事的决定因素，必然会倾注少女们的心血和才智。

女子出嫁时，红嫁妆的箱柜内都装满了服饰，而流传评说的焦点总是那些小姐在闺房内自制的女红作品，优秀的女红会在四乡八村传颂，从而让娘家和婆家感到骄傲，也让婆家小姑以及近邻远舍的女孩们羡慕不已。

女红用具琳琅满目。在男耕女织的社会中，纺车、织带器、麻丝架、麻丝桶是纺织时的主要器械。

从棉麻到成品需要纺纱、织布、印染、裁缝等复杂的工序，而丝绸则要经过采桑、养蚕、缫丝、织绸等劳作，既是女子汗水的结晶，也是女子智慧的直接体现。

女红劳作有粗细之分，如棉麻和丝绸的前期劳作，并非在闺房内完成。如割麻、采桑的粗重活，定是贫苦人家的天足女子的体力活。民国初年，江南一带城市集镇中组织了女红社，集体工作，统一销售，比传统女红往前迈了一步。但富家大户的小姐仍不参加女红社，而是从市场上购得面料和丝线，依然在闺房内从事刺绣等女红创作。

绣台是女红的重要工具。绣台有个特大的抽斗，可以随时收藏未完成的绣品及绣架，以免绣品蒙尘。抽斗内用生漆夹灰布制作，不见木板接缝，整洁而且平滑，断不会损伤在制的绣品。

一般闺房里有一大一小两张绣花桌，不知是否是小姐和丫环一道使用。有的绣桌下有搁脚，以便提脚将绣架托在腿上绣花。绣台并非只用于绣花，缝衣制鞋也在绣台上完成。

绣花首先需要图样，古时有专用的画稿，由木板印制的线装书内有各式吉祥图案，线描为主，没有丰富的色彩搭配，配色需要自己创作。画稿大多由文人画家帮助创作，然后由书商印制流传。有的画稿手工描绘，世代相传，在闺房

【绣花桌】

◉ 绣花桌是闺房内的主
要家具，有方形、长方
形二种，都有一个大抽
斗。有的绣花桌还有搁
脚，把脚搁在上面，以
便在膝上劳作。

【针盒、针夹、线板】

◉ 针盒雕刻成小鞋的样
子，把玩在手，十分可
爱。推开上面的盖子，
里面存放缝衣针。针夹
雕刻成小鸟的样子，线
板有各种各样的喜庆吉
祥图案。

【绣架】

● 绣架的榫卯是活动的，以便拉紧绸布，使刺绣在平整的布面上进行。

与闺房间流传。也有的是聪明的小姐初创的画作，独特而有新意。

针盒、针夹、线板是绣花的主要器物。有种针盒做成缩小了的木刻小鞋式样，有个推盖。针是当时值钱的工具，由银铜合金锻制而成，十分珍贵。

针夹是缝制鞋底或稍厚的皮料或布料时用于拔针的专用工具，做成小鸟或小鱼的样子，既是女红必备之物，拿在手上又是玩具。

线板是缠线专用的骨架，形状各异，雕刻的图案丰富多彩，有人物、花鸟、瓜果，捏在手上称心如意。上世纪80年代末90年代初，当时的澳大利亚驻沪总领事夫人在上海旧货市场上专门收藏线板，几年下来收藏了数以千计的各色线板，形成了一大民间工艺体系。线板上的图案包含了许多喜庆吉祥的内容，工艺上有雕有画，有镶有嵌。

绣花时必须要有绣架。绣架由四根直料组成方架，由活动的榫卯连接，绣品固定在架上，两根绣架需要有重物绷拉挺紧，用压绷石的重量下垂，使绸布面上拉紧形成挺括的水平，便可以一针一线地绣出图案了。

用青石雕刻而成的压绷石精工细雕。有的刻小脚女人倚卧在卷枕之上，或静思春情，或执扇如梦，或展卷吟读；

小姐形象优美，臀部大，双脚小，小脚上露着朱色三寸金莲。有的刻着狮子，一大一小，意为太狮少狮，寓喜庆吉祥之意。有的刻着布包，布包外表刻着布的花纹。石头本是坚硬的材质，刻了布包，成了布的质地，柔软可爱，还描上朱金或白粉底的五彩，恰如布料的颜色。还有的雕刻白象、水牛、小鸭子等等。

木雕麻丝架像小小的龙门衣架，朱金相间，小小巧巧，是劳作时压麻丝的物品。搓线时压着一束麻丝，一根一根抽出来搓，搓线需要用水和灰，以利产生磨擦增加胶合力，因此麻丝架上有个盛水的小孔洞，盛放清水，侧面有个装灰的小小抽斗。也有的是用砖烧制再雕刻的压块，有圆，有八角，顶面刻着花卉图案，也都有盛水和装灰的容器。

搓线瓦是必不可少的，瓦上四角有眼孔，由线系着。有趣的是，为了增加搓线瓦的磨擦力，一般要在瓦面上刻花纹，有"凤穿牡丹"、"杞菊延年"等图案，既美观，又有实用意义。在搓线瓦上搓线的劳作情形已经许多年没有看到了，因此，如果请你猜搓线瓦是何物时，我想年轻人早已猜不着了，即便是五十多岁的人，也不知道它的用途。

而瓦上的图案既是增加搓线磨擦的需要，同时也是美化器物的装饰。

麻丝桶专门用于存放搓好的麻丝。搓线时，随着手掌和搓线板的转动，另一头麻丝又细又长地积聚起来，若堆放在地上，不小心就会弄乱打结，于是便有了专门盛放麻丝的鸭蛋形麻丝桶。把搓好的麻丝堆藏在麻丝桶里，既安全，又

【太狮少狮压绷石】

- 狮乃喜的谐音，寓意喜庆吉祥；太狮（师）少狮（师）也是古代的官名，祈求高官厚禄。

◎ 女红

53

【麻丝架】

◉ 一束理成的麻丝，压在麻丝架下，侧开一小抽斗盛灰，上挖一小洞放水。灰和水是搓线时必不可少的辅料。一件劳作工具做成人见人爱的艺术品，也只有美貌的小姐才能享有。

女
红

【小脚女人压绷石】

◉ （上）绣花时，要用一
定重量的器物拉紧绣绷
上的面子。这件压绷石
雕刻成小脚女人倚卧在
榻的图案，既具压绷功
能，也有观赏价值。

【搓线瓦】

◉ （下）搓线时，用绳子把
搓线瓦捆扎在腿上，以便
搓线。而瓦上的图案既是
增加搓线磨擦的需要，同
时也是美化器物的装饰。

可以移动。待满桶后，再上束线架束成束，以备织带或织布时使用。

腰带、衣扣带等带子用途十分广泛。织带时需在织带器上拉上经线，用梭子穿插纬线，利用脚力、腰力、双手往复穿梭，我想这应该是大脚女子的工作，不会是小脚小姐所为。

针线簸是红嫁妆中的重要物品，可谓是最显眼的女红用具。针线簸有个有趣的别称：针线婆簸。至于为什么叫婆簸，可谓说法不一。有人说是老婆婆用的，这当然是现在人们的想象；有人说是女红用品等各式杂件都往里装，针线簸像妈妈一样从无怨言，因此得名。针线簸大多用毛竹编制，簸底边饰用竹子雕刻一圈图纹，簸体里外两层竹编，外层用十字平编和斜纹线编出空灵精致的图案，里层用二色竹蔑平编出福禄寿喜等文字。

铜制的熨斗也是女红必不可少的工具，衣服、布料烫平，都需要熨斗。熨斗有个木把手，斗里放白炭，斗底呈平

【织带器】

◉ 带子在过去用途十分广泛，织带器是这时的纺织机械。

底状，便是熨面。

女红器物还有朱红直尺、剪刀等。

三寸金莲让男人爱之若狂，因此金莲小鞋便是女红最重要的作品了。小鞋首先是要贴肉，因为小脚是经过造型的，不再像天足那样有基本形状，故各人有不同的尺寸和形状。为了给三寸金莲增加美感，金莲小鞋又需要塑造美的形状，拼接出各种色彩，绣出各种图案。从现存的金莲小鞋上看，大多在三寸到四寸之间，呈高跟三角形，鞋帮也高，脚跟上有一块尾布，保持鞋与脚贴肉。因为金莲小鞋是要用来炫耀的，所以用料考究，做工精致。

手帕是擦拭眼泪之物，沾满了绣房中多少忧愁喜悦的香泪，因而成为多情男女的爱情信物。手帕上多绣有各具个性的文字和图案，不仅是闺房小姐的隐私，更是她们才貌和品性的流露。《红楼梦》第二十四回写"痴女儿遗帕惹相思"，那小红，生得三分容貌，此时已有春情，因遗落了手帕，夜里梦见贾芸来还她。梦虽醒了，却整日里无精打采起来，流露了剪不断、理还乱的思春情绪。一块小小的方巾，传递着多少情感，寄托着多少美梦！

荷包是传统婚姻的信物，也是古代女子的传情之物，绣工当然不能随便。荷包内装着由中草药研制的香料，可用于避邪避瘴。江南地区多湿气，房间内有一包天然香料，自然心旷神怡。荷包也藏美玉，是玉佩的保护和美化的玉衣衫。荷包也可用来存放爱情信物，可能是情人相赠之银包红豆。荷包外绣着福寿安康，五彩丝线，表达了吉祥如意的美好愿

【麻丝桶】

◉ 搓好的麻丝又细又长，若堆放在地，不小心就会弄乱打结，需要专门盛放在麻丝桶里。

望。《红楼梦》里林黛玉曾经给宝玉做过荷包香袋，一针一线凝结着她的情思，但黛玉误会宝玉把她送的荷包送给了别人，便赌气把正在做的另一个荷包剪碎，谁知这个荷包宝玉正贴身戴着。事实上，在民间，除了赠予情郎，女子是不能随便把荷包送人的。

肚兜是女子的贴身内衣。古人会在肚兜上浸上香料，使女子肢体发出诱人的清香。肚兜底色多为青布，青色和洁白的肌肤相互映衬，更显得肌肤胜雪。有的肚兜用鲜红绸料，衬托得洁白肤体娇艳妖娆。肚兜上绣着莲花，莲花多子，祈求早生贵子；绣着五毒，避邪恶，求平安；绣着"守身如执玉"文字警语，提示保护自己的贞节；绣着和合二仙，绣着蝶恋花，绣着麒麟送子、鲤鱼跳龙门、状元及第。凡吉祥题材应有尽有。

肚兜呈菱形，穿时两头用丝带系于腰间，上首系于颈项上，围住胸部和腹部。而今妇女内衣早已西化，先辈们用了千百年的肚兜，便成了那一抹或红色或青色的美丽记忆。

《红楼梦》六十五回写尤三姐松松散着头发，大红袄子半掩半开，露着葱绿抹胸，一痕雪脯；和贾珍贾琏两个牛黄狗宝喝花酒，洋洋洒脱、嬉笑怒骂，把两个不知耻的男人耍个够。这里的抹胸便是肚兜。

【金莲小鞋】

◉ 金莲小鞋自然让人联想到女子的三寸金莲。旧时男人对小脚的热爱，现代人真是无法想象。

　　肚兜是女儿最贴身的内衣，倾注了女儿最美的构思，也让男士们想入非非。

　　霞帔，也称云肩，形如彩虹，色如七色彩霞，是女性颈肩之间的装饰物。霞帔如雨后云霞映日，有晴空散彩虹之赞。

　　霞帔并非平常使用，而是结婚这一天的重要装饰，凤冠霞帔，美若天仙。霞帔也和其他女红作品一样，是图必有意，意必吉祥，多为喜庆内容。霞帔形状分四合如意、六合如意、万合如意几种。四合如意指四分式如意纹的图案；六合是东、南、西、北加天与地；万合当是数十个如意装饰，意思是万事如意。

　　霞帔制作的另一手法是镶边，用丝线绣出几道各色边线，突出了美的几何图案。霞帔常用金线银丝盘绣出龙凤、百宝等图案，金银相映，极尽绚美华丽。霞帔装饰亦见白缎底子，蓝色镶边，中间平针绣出淡雅人物、花鸟、山水景致，如同清雅的国画。

　　霞帔在一帔之中，数层垂花，或如意，或花卉，或柳

【服装】

◉ 江南女子给自己制作的服装，色彩、线条、造型设计各方面都让现在的时装设计师为之倾倒，衣衫的绚丽华美也让今天的时尚女性自叹不如。

【肚兜】

◉ （左页上）肚兜是女儿最贴身的内衣，倾注了女儿最美的构思，也让男士想入非非。

【霞帔】

◉ （左页下）霞帔如朝霞美虹，是女子出嫁时的重要装饰之一，极尽工巧。

【荷包】

◉ （左）荷包也称香袋，装着各种研碎的中药，挂在胸前，香气袭人，且有避邪的作用。因为是女人特有的贴身物件，自然便成了男女爱情的信物。

叶，绣着百花百草。有些霞帔只是追求华美，繁绣累饰，穷工极艺，成为女子争胜斗艳的工具，可谓是女红艺术的另一种追求。

衣服是嫁妆中的重要内容，富家大户会把女儿一生的衣服准备齐全，包括丈夫和小孩的，甚至还有孝教公婆的。服装的制作过程是女红概念的重要延伸。江南是丝绸之乡，精美的丝绸为女性生活平添了一份美丽。

服装是女红最重要的作品，从裁剪、绣花到成衣有复杂的过程。多数存世的精美服装，已是相当专业的裁缝所作，绝非一般闺阁女子能够胜任。但由于服装的制作是女红的重要表现内容之一，大户人家会请来优秀的裁缝，让年轻的妻妾或女儿一同观看学习，甚至参与某些工序。专业裁缝也从优秀的妇女那儿学习技艺，互相交流，从而促进了女红技艺的提高。

【嫁妆木雕采桑、养蚕图】

◉ 江南水乡盛产丝绸，生
　产活动主要由女子来承
　担。这二幅图是婚床上
　的木雕装饰，记录了采
　桑、养蚕的劳作场面。

衣服的刺绣装饰主要在领口、袖口、衣襟上。有的会在肩上刺上四合如意纹霞帔一样的装饰，纽襻上镶着镀金的铜扣，宽袖飘飘，如同一幅完整图画；有的在蓝底或浅绿底子上绣出团花，或仙鹤，或八宝，或牡丹，或彩蝶，富丽华美。人的美丽是可以用不同形式表现的，尤其是女性的美丽，更是多姿多彩，可以长袖宽带，也可以紧身束腰；可以绚丽多彩，也可以清素秀美。传统服饰是千百年来女性对美的创造和对文明的贡献。在欧风美雨的今天，这些传统服装美的形式和装饰特色，依然充满活力和魅力，仍旧是现代时装取之不尽的元素和灵感源泉。

传统女红体现了待嫁女儿的智慧。现在的真丝线一般是七丝成线，而传统单丝绣则由一根单丝绣制而成，绣单丝的小姐手指一定要灵巧，而且要保养有方，指头不能粗，绣房要一尘不染。一根只有头发十分之一粗细的单丝在针尖上飞舞，穿梭在薄如蝉翼的丝绸上，这等技艺没有前辈教授是无法掌握的。因此单丝绣技艺一般都在大户人家流传，同时也只有在富饶而又安宁的社会环境和家庭里才能传承。单丝绣当年流行在江南地区，清末民国时期战乱纷纷，单丝绣技艺逐渐失传了。

女红作品的色彩搭配丰富，大多运用正色，青、红、白、黄、绿、紫搭配，色泽明快，争艳斗彩。同时运用纯金纯银包丝绣制，金光银芒，谱就了金、银、绸、缎、布和丝线艺术的绚丽堂皇。民歌云："绣衣楚楚俏风流，谁人温柔不解愁。匆匆缝个莲花样，鸳鸯荷包分外香。"

女红作品的题材，包含了民俗学应有尽有的喜庆吉祥内容，其表达的方式更直接，更鲜明。女红作品不但在色彩上具有强烈的个性，在景物构图上也活泼可爱，大胆泼辣。传统社会中的男人读四书五经，争考功名，争中三元，妇女也并非等闲，创造了让世人惊叹的女红艺术。

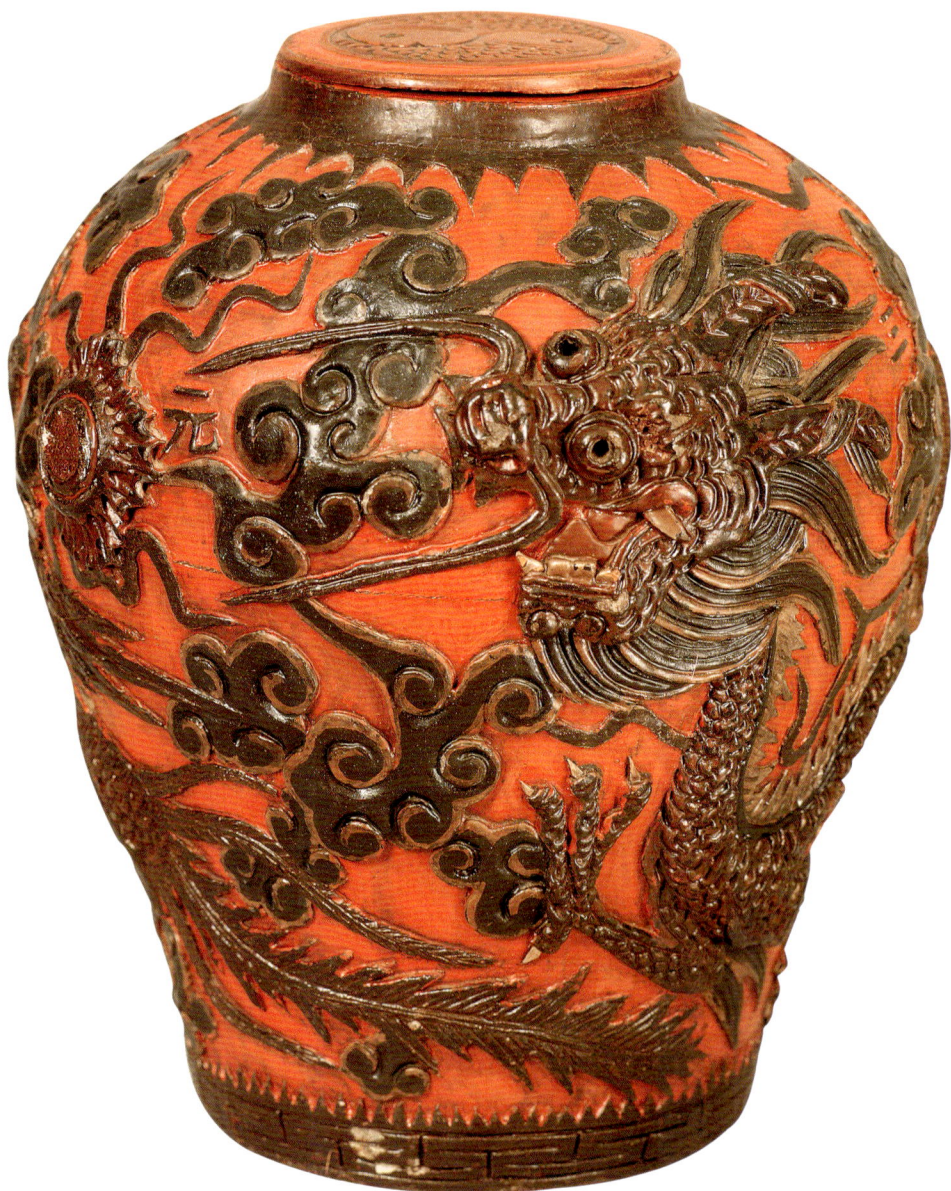

◉ 酒坛

第五章　婚嫁

天上无云不下雨，地上无媒不成婚。

传统婚姻，反对私订婚约，儿女必须遵从父母之命，媒妁之言。祝英台女扮男装在杭城读书，与同窗男生梁山伯共读三载，对他渐生私情，并与他私许婚约。但英台父母不同意，将其许配有钱有势的马文才，最后酿成千古悲剧。这些戏文的广泛传播证明了传统婚俗制度中父母之命、媒妁之言的权威性。

在传统社会中，不但男女青年不能"私订终身"，就连双方家庭也不能"私结良缘"，双方家族的意向，必须由媒人传达。古人云："天上无云不下雨，地上无媒不成婚"，婚姻六礼都是由媒人逐一实施，一应礼节套路都由媒人两头传话。

自古以来，婚姻就有所谓的六礼："纳彩"，男家向女家提亲，并送去礼物；"问名"，女家同意相商，告诉女儿的生辰八字；"纳吉"，男家将男女双方八字请人卜得吉兆后，通知女方；"纳征"，男家将聘礼送去女家；"请期"，男方择定婚期并备礼告知女家；"迎亲"，新郎去女家迎请新娘。这样的步骤，如同司法程序，一步一步实施，直至完婚。

【媒婆】

- "媒婆的嘴，长江的水"，媒婆需要有一定的口才。

【床屏画】
○ 红妆绘画更具民间味、民俗性、线条明快、色彩秀丽，形象生动夸张，大多表现了男欢女爱的生活和嬉闹场面。

传统社会法令规定："嫁娶皆由祖父母、父母主婚，祖父母、父母俱无者，从余亲主婚。"无论是国家法律、宗族的乡规民约，还是婚姻习惯，女子都只能被动地听从命运的安排。

由于婚姻无须结婚当事人同意，也不能自己选择喜欢的对象，父母往往考虑财富、门第，并不注重男女双方当事人的品貌、年龄和情感，加上媒人的不真实信息，女人只能听天由命，婚姻往往极不和谐。

做媒的人大多是女性，故也称媒婆。古时媒人有官媒和私媒之分，官媒类似现在的民政局，负责户口登记，告知成年男女要按时完婚，主管有关婚姻诉讼等事宜。从《三言》中可以看到，有些私媒婆以买卖丝线或梳妆品为名，达到为人说媒的目的，这些媒婆既做婚介生意，也从事为好色之徒物色情妇的勾当。如《金瓶梅》中的王妈和薛妈，都是反面人物，见钱眼开。在戏剧中，媒婆有自己独特的艺术形象，腮边一颗大黑痣，一张刀削脸，两块高颧骨，左手拿个烟袋斗，右手指夹着方手帕，在舞台上一亮相便唱："好灯好月好人家，上街游赏开心花。"有句民谣说："媒婆的嘴，长江的水。"媒婆为了促成双方婚姻成功，达到营利目的，总是夸大双方的优点，或帮助一方去骗说另一方，甚至谎传当事人的年龄，隐瞒当事人的身体缺陷，千方百计编织谎言，故民间有"十媒九骗"的说法。

传统婚姻注重陪嫁与彩礼的多少。陪嫁是男方对女方的要求，对于一般人家的礼金，当时有约定俗成的基本数目，但富家大户则各不相同，一般女方会索要更多的礼金，准备更丰厚的陪嫁，旧有"礼金暗来，嫁妆明去"之说，故女方索要更多礼金多是力求添置更多的嫁妆，使女家体面和风光。

鉴于这些实际情况，媒婆自然是必不可少的。一来媒婆信息灵通，知道谁家有女待闺，谁家有男欲娶；二来，缔结婚约，事关荣辱，如果被拒绝，就很没有面子，通过媒人无须直接面对面；再说媒人有处理复杂的婚姻过程的经验，特别是钱物之间的讨价还价，如同一桩交易，更需媒人斡旋。

来往于男女两家的帖盒，是婚姻六礼的见证。帖盒扁而小巧，上面彩绘着和合二仙，雕刻福禄寿喜等吉祥纹饰，祝愿男女平安和合，幸福美满。十里风俗都不同的江南地区，有着不同的结婚礼俗，但婚姻六礼仍是传承不变的基本要求。有的帖盒用牛皮制作，压刻着精美的图案，显示这户

【帖盒】
- 帖盒来往于男女两家，专门盛放六礼信物，是婚姻六礼的见证。

◎ 婚嫁

人家丰厚的家底，从而让对方见到帖盒后顿生敬意，以求联姻。

今日的婚姻，缘分是至关重要的。但在传统社会中，女方争聘金，男方要嫁妆，能否满足对方的物质需求，成了缔结婚姻的首要条件。"门当户对"，本意是大户人家大门上的"门当"和门顶的"户对"，是建筑构件的名称，但这里是指两家社会地位的高低、财富的多少是否相当，只有少数家庭会有意识地去考虑婚姻双方的人品。与富裕之家联姻，家庭可以得到实惠，攀上一个高门第的亲家，会使家庭地位提高。因此，婚姻结合，家长首先考虑的是家族利益，而不是女儿的实际幸福。

【双喜桶】

◉ 这件双喜桶用整块木头挖制而成，八角、平顶，顶面刻双喜，着朱底金字，十分华美。桶的功能并不重要，结婚时张扬奢华则是主要目的。

◎
婚
嫁

在江南，结婚俗称娶媳妇，这是就男方公公和婆婆的名义而言的，并不是指男女双方结婚成亲成家。娶媳妇是家庭中传宗接代的重要举措，是公婆通过儿子完成延续香火传承的一个重要环节。女子即便嫁了个不如意的夫君，也只得嫁鸡随鸡，嫁狗随狗，对付着活一辈子。有民谣："油菜开花满地铺，打锣打鼓嫁小姑；小姑命不好，嫁给驮背佬；进房手要牵，上床又要抱；隔壁邻舍勿要笑，结发夫妻无奈何。"

婚姻是家与家的联合，是以婚姻作为媒介的社会力量的集聚，嫁妆便成了这种合作的物质基础。亲家们在社会利益上形成一致，在社会互相照应，这在《红楼梦》的四大家族中可以看到，当贾家败落时，事实上已经预示了其他家族将走向衰败，一荣俱荣、一损俱损是封建社会中姻亲关系的直接写照。

上世纪80年代初，我为一位堂兄抬嫁妆，那时的嫁妆已是相当简单了，仅有箱柜、沙发和电视机、棉被等，大约

①

③

②

【红板箱】

◉ （图1）红板箱是最引人注目的嫁妆，箱内的绸缎足够新娘一生的衣着所需。

【杠箱】

◉ （图2）杠箱里装的是贵重物品，既安全，又显奢华，是红嫁妆中的重要礼器。

【百宝箱】

◉ （图3）金银细软尽在百宝箱里。百宝箱随身携带，放在花轿里同行。

【凤首面盆架】

◉ （右）贴金的面盆放在凤首上面，这华美的朱金和高贵的图案形成和谐绚美的风格。

二十来杠，从二十里外的桥头胡镇往大佳何村抬。那时年岁小，我挑选了最轻的一杠——一件床前柜加一床棉被，但这么远的路，还是抬得两脚酸痛。1983年，我的一位王姓拜把子兄弟结婚，也是十多杠嫁妆，从九里外的井兰村抬到大佳何村的。因为花轿在文革中被毁，新娘没能坐花轿抬来，只好步行。嫁妆队伍在当时的吉日里经常可以看到，在田野的小路上，蜿蜒着一路的鲜红和喜庆。这样的嫁妆队伍在随后的几年中因交通的改善和民俗的变化慢慢地消失了。

直到上世纪90年代末期，十里红妆婚俗中的抬嫁妆、新娘子坐花轿结婚，又被少数人作为一种婚庆时尚，重现在古越大地上。

准备嫁妆是复杂的过程，做嫁妆要选择黄道吉日，动用木作、雕作、漆作、桶作、制衣作等"百作手工"。一般人家要有婚床、红衣柜、红板箱、红衣架、房前桌、大脚桶、红祭盘，还有红马桶或子孙桶。女红制作器具和女红作品也

【面盆架】

◉ （左页）简单的竹叶纹点缀在圆脚上，华美中带着自然清雅。

【银箱】

◉ （下）银箱是嫁妆中最引人注目的，显示娘家的财富。事实上，一般人家不可能有整担的白银嫁给女儿。

◎ 婚嫁

● 衣架既是垂挂衣服的实用品，也是房内重要的摆设，如屏风一般。

是红嫁妆的重要组成部分。总之，十里红妆囊括了一切日用物品，从日常的生活器具到衣服鞋帽，包括新郎和未来小孩的四季衣衫，还有孝敬公婆、男方长辈的鞋帽等物，甚至拦腰、苎线杂物，可谓应有尽有。

父母会在红嫁妆中的各式木桶、瓷瓶里装满各种果实和种子，祈求女儿婚后早生贵子。而结婚仪式中需要的和气食、红鸡蛋、花生糖、花色糕点，也必须在出嫁前准备完毕。迎嫁妆和接新娘是同时进行的。

婚礼当日，迎嫁妆队伍和接新娘队伍到达新娘家，午后接新娘和伴姑妹一道返回新郎家。嫁妆队伍中马桶最为重要，这马桶要在天亮前便由新娘的小叔子或堂小叔子悄悄挑走，嫁妆和新娘的花轿要按马桶小叔挑马桶的道路行走。马桶是神圣之物，维系着生育大事，小叔子是男性的代表，由他挑马桶是约定俗成的规定。马桶在结婚时要先期到达男家，以合早生贵子的吉兆。

十里红妆，花轿居中，抬的抬，挑的挑，喜气洋洋。结婚是大事，需要造声势，摆排场，显家威，比族门。大户人家的红妆队伍，延绵数里，嫁妆从针头线脑到雕龙刻凤的箱、柜、桌、椅、桶、盘、篮、盒以及铜锡器具，样样齐全，箱箱满，桶桶满。箱笼里装的是服装、绸缎，圆桶里装的是南北干果、糕点等等。

红妆队伍中，所有器物都缠着红绿丝线，用染红的旧棉花做垫子，以便绳子捆扎；竹杠上也缠着红纱线，由年长者用俗称"扒脚"的绳结把嫁妆和竹杠捆牢。大件用竹杠抬，小件用竹杠

挑，整支红妆队伍流光溢彩。

　　新娘嫁到夫家后的生活所需在红嫁妆中一应俱全，甚至棺材也由娘家准备着，待女儿百年之后由娘家人送去。意思是女子自生至死生活所需皆来自娘家，不须依靠夫家。

　　田地山林也是大户人家的陪嫁之物。我的家乡邻村有屠氏人家，女儿出嫁时，父母已给了八十亩良田，临上花轿时，女儿哭着不肯离家上轿，母亲以为是恋娘不舍离去，便说："女儿啊，男大当婚，女大当嫁，总有一天要离开娘的。"谁知女儿哭着说："娘啊，你已经给了女儿如山般红嫁妆、成片的良田，女儿独需烧饭的柴山、放牛的草地，假

如婆婆问起是否带来，我如何回答？"父亲听后说："这有何难，村西眠牛山滴水为界，嫁你一半。"当即写好文书交给女儿。至今此山依旧是胡姓和屠姓二村各半。这个故事在我的家乡一直传为美谈，家喻户晓。小时我常爬到眠牛山晨练，常常会想起这个美丽的故事。

还有一个故事，说是有位媳妇嫁到婆家，婆婆见她并无柴山嫁来，便故意在新媳妇烧早饭时拿走灶膛间的柴火，让她无法烧火，但聪明的媳妇知道婆婆用心，便与婆婆斗法，从新房里拿来布匹，浸上青油，欲用布匹烧火做饭。婆婆一直偷偷看着，见此情景，连忙夺下布匹，给她柴火。婆婆自此便不敢小看媳妇，婆媳和谐相处。这个故事流传很久很久，也难怪屠家小姐临上轿讨要柴山了。

嫁妆中，必有一本红妆簿，本子中记录着所嫁物品器具，并实录亲朋好友送的嫁妆礼物，由新娘随身携带，以便查收。富家大户的嫁妆中，还有新娘贴身的丫头，贴身而藏的田地契约、山林文书，以及箱底里的压箱银锭。

银箱由专门的银担来挑，走在花轿前面，成担的银元显

【酒坛】

◎ 酒是结婚时宴请宾朋最重要的物质。嫁妆中的酒担，突出酒坛的品质，和酒坛里醇香的美酒同样重要。

◎ 婚嫁

【套篮担】

⊙ 一担一担的担篮内装着各色食品，让男方亲友品尝和气食，吃过了和气食，两家便是亲家。

示着女家极其殷实的家底。而这些财富自然成了媳妇藏而不用的私房钱。即使银箱内只有少数银圆，也会在银箱内放些有重量的实物，让挑银箱的人觉得价值不菲。这样的例子比比皆是。即便在上世纪80年代的简易嫁妆中，箱柜内也会装满农家自种的甘蔗，既沉重又甜蜜，也让抬嫁妆的人知道嫁妆的分量。

酒是必不可少的嫁妆。有些人家从女儿出生时便自制美酒，埋于地下，待女儿出嫁时方取出招待亲朋好友，这存了十多年的老酒，叫"女儿红"。精美的酒坛用柏木制作，彩绘着吉祥如意的图画，十分好看。有的酒坛并不是用来装酒的，而是用作盛放花生糖、米糕的容器。和气食是红嫁妆里的重要食品，用糯米制作，是男方参加婚宴的亲朋食用的，吃过女家做的和气食，两家自然便成了和和气气的亲家了。

无论当时社会如何歧视女性，但父母对于女儿的深深的爱是与生俱来的。为了让女儿在夫家得到一定的地位，父母会不惜代价为女儿营造美满的生存空间和物质基础，这种父母之爱便全部转化到红嫁妆中去。"嫁出去的女儿，泼出去的水"，出嫁以后女儿的一切父母都无法也无能力顾及了，惟有在嫁妆上给女儿作最后最有效的支持。

俗话说："上等人家嫁女儿，中等人家送女儿，下等人家卖女儿。"有钱人家把嫁女当成是显示家庭富有和提高家庭地位的机会，不惜重金打造红嫁妆，或用礼金置办田地嫁往男家，有的甚至将男方送来的礼金全数退回。这种富家大户毕竟有限。更多的是普通人家，虽然衣食无忧，但尚需俭朴度日，婚嫁中只是将有限的礼金变成嫁妆，便成了送女儿的一类。而少数穷苦人家却要把男方的礼金用于别处，或应急消费，无法置办嫁妆给女儿，也无法顾及女儿的地位和往后的日子，就真的成了卖女儿了。

十里红妆从某种意义上讲，是明媒正娶的代名词，象征着女主人在夫家的地位和身份。在"夫有再娶之义，妇无二适之理"的封建社会中，男子可以随心所欲地纳妾甚至宿妓，常常是宠小妾而冷落正房。但不管怎样，正房"十里红妆"嫁过来的满屋满房的红嫁妆以及娘家带来的日用器物，哪怕是针头线脑，丈夫都是无权给予任何一位宠妾的。

十里红妆时时显示着正房的权势和威严，时时让小妾有低人三分的感觉。"十里红妆"嫁过来体现了正统，体现了正主，在"三妻四妾"的社会中更是地位的象征。

◉ 极致奢华的万工轿

第六章　花轿

浙东女子全封王，半副銮驾迎新娘。

在古越地区，流传着一则关于十里红妆的古老传说：南宋开国皇帝小康王赵构被金国元帅金兀术追逃到了浙东农村，一个农家姑娘在晒场上用箩筐把小康王罩了起来，把金兵骗了过去。康王出来后，向村姑说明了真实的身份，说你今天救了我的性命，等明年的今天我政权稳定后，派人把你抬到皇宫去生活，报答你的救命之恩。以什么为凭呢？农家姑娘不是有肚兜吗？他们约定，只要村姑把肚兜挂在门口就行了。第二年康王来寻救命恩人，结果到了那天，整个村里有姑娘的人家都挂起了肚兜，康王无法判断哪个才是真正的救命恩人，也无法实现自己的承诺，日夜不安。最后下了一道圣旨："浙东女子全封王。"女子出嫁时，可以享受公主的待遇，半副銮驾，凤冠霞帔。从此，古越婚俗日臻奢华。

四十年前，如果问江南村落中的阿婆们有多少人坐花轿结婚的？几乎人人会异口同声地都说是坐花轿"进门"的。二十年前，问村里阿婆们多少人有结婚坐花轿的经历，大概会有一半人骄傲地说她们是坐花轿结婚的。上世纪60年代前，在古越大地上，依然保留着坐花轿结婚的习俗。今天我

【坐轿结婚图】

● 坐花轿结婚是传统社会中女子最风光的时刻，也是现代人的一种婚俗时尚。

【朱金木雕花轿】

⦿ 花轿是新娘身份和地位
的体现，制作极尽豪华
之能事。

们寻找坐花轿结婚的老阿婆已经要费些功夫了，七十多岁以上的当时家底尚好的人才会有这样的机会。

花轿是十里红妆婚嫁场面的主题，最能体现新娘的身份和地位，坐花轿是传统女性最最风光的时刻。女子一生都会自豪地叙述她坐花轿时的情景，尤其是富家大户中的女子，在小妾面前用以强调她的正主地位。

花轿选材要求坚实又轻便，一般选用香樟、银杏木制作。雕刻的题材多是"金龙彩凤"、"麒麟送子"等吉祥如意内容。也许因为有村姑救康王的美丽传说，十里红妆上的轿子雕龙刻凤，无所顾忌。这些龙凤形象，让现在的民俗学家也大吃一惊，因为这在封建社会中是绝对不允许的，是要杀头的。是天高皇帝远的缘故，还是确有前朝遗旨？专家也莫衷一是。

花轿上装饰有"八仙过海"、"和合二仙"、"喜上梅梢"等吉祥题材。从现存的遗物上看，花轿的工艺有朱金木雕，采用了浮雕、透雕等工艺，装饰上有贴金、涂银、朱漆等表现手法，犹如一座黄金造就的宝龛。

宁波花轿还有金银彩绣，在木架轿身上穿一件金线和银线盘绣的轿衣，称金银彩绣花轿。轿夫最看重的是这种轿子的重量，轿身轻便，便于在较远的路程中使用。金银彩绣花轿的色彩和朱金木雕相似，在朱红缎子上绣出金色的图案，朱金相间，具有喜庆吉祥的婚礼效果。这种花轿存世十分稀有，已成为博物馆的珍品。

也许是竹子重量轻的缘故，抑或是因为江南竹子多，皖南地区流行竹编的花轿。竹编花轿漆成朱红底色，编出双喜图案，并在轿身上贴上木雕的花样，也是涂朱贴金，金灿灿，红彤彤，十分耀眼。

即便是穷人家的女儿出嫁，也必定要租个花轿。这种简单的花轿轿身用木料榫卯拼接，或用毛竹制成骨架，外面穿上红缎或红布轿衣，俗称软轿，轻便实用。

抬新娘的婚轿与官轿及绅士乘坐的轿子是不同的，不但色彩不同，装饰题材也各有特色，断不能混为一谈。婚轿是朱红和金色相间，体现吉庆和喜气；而官轿以黑金为主，表现威仪。2007年春天，中国非物质文化遗产节在法国巴黎联合国教科文中心举行，宁海十里红妆博物馆的一顶婚轿也在展出之列。联合国教科文中心总干事松浦先生带领一百多个国家的文化官员仔细欣赏了这件婚轿，当问及并非官轿而是女子出嫁乘坐的婚轿时，全场震惊。他们无法理解向来地位低下的中国妇女会有如此绚丽华美的坐轿。

花轿有二人小轿、四人轿、八人大轿之分，这种大小之分也是新娘身份、地位的直接体现。花轿在送新娘时，途中不能停歇，因而分两班轿夫轮流调换。花轿一路抬来，披红戴绿,前呼后拥,让经历过的人终生难忘。

花轿一般由族里供村中族人婚嫁时使用,民国时期,也有专门经营出租花轿的专业户。在江南地区,上世纪 "破四旧"运动前,女子结婚时仍坐花轿;半个世纪后的今天,江南的有心人又重新找回那种传统的感觉。现在坐花轿结婚成了时尚,时常能够见到早年曾有过的结婚场面,但大部分已发生了变化,先用轿车把新娘送到村镇路口,随后用花轿抬往男家。婚庆服务部也开始出租花轿,许多城镇都有出租花轿的专业经营者。这种融合了现代和传统的时尚婚礼,得到了社会各界的认同。

2006年冬,我家邻居小乐出嫁,同村婚配,十里红妆博物馆的婚嫁服务部为她提供了婚轿,她也跟着时尚了一番。

【竹编轿子】

● 即便是竹编的轿子,也是朱红和金色相间,同样表达热烈的婚庆气氛。

◉ 邻舍小乐，为求时尚，选择了坐花轿结婚，此举亦正合她母亲的愿望。

◎ 花轿

轿子在小镇老墙弄里和闹市间游走，虽然嫁妆只有近十杠小件物品，但炮仗声引来众多观者，儿童跟着队伍嬉闹，着实让整个村镇兴奋了一阵子，婚嫁成了左邻右舍乃至整个村镇共享喜庆的社会活动。

事后，我问新娘，坐花轿去夫家的感觉如何？她异常兴奋地说："一生都不会忘记。"

一座精致的花轿能留到现在，成为博物馆和私人收藏家的藏品实在不容易。当年每个村族都有花轿，怎会变得如此稀有呢？主要是上世纪60年代"文化大革命"中被烧掉了。关于花轿，关于烧花轿，不得不讲"文化大革命"时期发生在我家乡关于烧花轿和雕花匠阿根叔的往事。

"破四旧"开始时，公社禁止坐花轿结婚，但没有说要毁掉花轿。大多数人都把花轿放在祠堂里，一些出租花轿的专业户也把花轿藏了起来，认为过了这阵风，形势会好起来，谁都没有料到没过多久形势便急转直下了。

初秋的一天，公社通知，令各村的地主、富农、反革命

【彩绣轿子】

● 金银彩绣的轿子和朱金木雕的轿子虽一硬一软，但轿子外观的色彩同样显示喜庆吉祥的婚嫁气氛。

和右派分子抬着各式花轿，由革命委员会和红卫兵小将们押着，在乡里乡外游街示众。红卫兵们还特地押了雕花匠阿根叔一同游街，说这些花轿上雕的全是封建礼教制度的题材和才子佳人的故事，要让雕花匠以后再不敢雕刻这样的花轿。红卫兵们一边走，一边高喊"打倒封建"的口号。老地主、老富农和雕花匠阿根叔抬着花轿，高一脚低一脚，个个愁眉苦脸。整整抬了三圈后，花轿被勒令放在民兵操练场，随后开批斗大会。批斗会的内容是地主、富农早时结婚讲排场，抬花轿接新娘是封建社会的余毒。这些右派分子和地主、富农、反革命串通一气，保护封建余毒。最后公社革命委员会主任宣布烧掉这些花轿。这些花轿中，有名扬县乡的万工轿，有康熙年间制作的金丝楠木轿，还有包竹做黄杨高嵌的八人大轿。花轿烧了一个上午，烧得火光冲天。

事后，雕花匠流着泪和他的几个徒弟说，你们走吧，回家种地去吧，如今没有人会请我们做花轿了，我家三代祖传的手艺也要断在我的手里了。徒弟们挥泪道别师傅。不久，民间的婚床和家具上的雕刻也被红卫兵用利刀铲平。可怜的雕花匠，眼见他最得意的营生和手艺，成了任人残踏的糟粕。他的生计也断了，五十多岁的他无法从事其他行业，便整日里借酒浇愁，最后自杀身亡。

徒弟们料理他的后事时，发现雕花匠把雕花工具用夏布包扎得严严实实，放在他早年准备的棺材里。徒弟们知道，师傅是舍不得他的雕花工具，至死不愿意放弃他三代祖传的雕花手艺。

阿根叔可能不会想到，这种现象是暂时的，"文化大革命"结束后，他的徒弟们又拿起了雕花工具，成了远近有名的雕花匠。

◉ 的笃班唱戏图

第七章 礼俗

两只桂圆凑成双，夫妻今夜入洞房。

马头墙内娶媳妇，大门外贴着红对联，窗格子上贴着红双喜。吉日当天，新郎的兄弟和堂兄堂弟们，用鲜红的穿箱杠给女方送去活鸡、鱼、猪肉等物品和孝敬女方长辈的"桶果"，叫"送正担"。男方还须在穿箱杠里放红纸包成的"肚痛红包"、"梳头红包"和"厨头红包"。顾名思义，"肚痛包"是感谢丈母娘生他妻子的专用礼物，想来也真是周全，饮水思源吧。"梳头包"是专为新娘梳妆打扮的阿姨或姑妈准备的礼物。"厨头包"自然是送给操办酒食的厨头老师傅了。包内装的是南北干果，用红纸包成菱形，成双搭对，用染红的麻绳扎得十分结实和精致。

马头墙内，女家也在忙禄着。正日五更时分，新娘便要举行"开面"仪式，新娘面额上的汗毛将由前辈用细线绞去。开面是成人仪式，是可以为人妇、可以结婚享受爱情的仪式。

早晨，男方派来雕龙刻凤或绣龙描凤的花轿，由新郎结拜弟兄和亲友组成的迎亲队伍，前往女方。女家此时要故意关紧大门，阻挡迎亲队伍，称"拦轿门"。女方为了表示"拦轿门"的理由，为首的要领唱拦门歌：

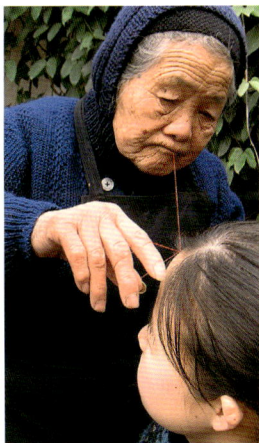

【开面】

● 开面使女人更加美丽，是一种成年礼。

今夜拦门第一重，仙女要开桃源洞。

玉门金锁不开封，严严实实好威风。

而男方则会唱和一定要进去的理由：

盘古开天上苍定，玉女纤纤二条心。

一为父母养育恩，二为郎君表春情。

此时，男方必须塞进"开门包"，女方才肯开门。"开门包"的多少需要在友好和喜庆中谈判，即便是谈判未果，但男方已强行通过，亦宣告拦轿门结束。这不过是一番打闹，增加喜庆气氛。

待过了拦门关，花轿到堂前歇下，新郎便被引到客堂间。这时，女方要献糖捧茶，新郎要吃汤圆。新娘的女眷，如堂妹、堂姐、表姐、表妹这时则暗地里给新郎的汤圆碗里放胡椒馅的汤圆，要辣他一辣，让他晓得女家的厉害，以后不敢欺侮新娘。在锣鼓声中，新郎要拜女家的祖先，再拜丈人丈母及族房长辈。迎亲队伍进入厅堂后，女方伴姑姐妹出现，给男宾送上瓜果点心。此时的果子是不可以随便吃的，男方宾客要说好话，唱果子诗。果子诗句有许多：

花生本是节节生，先生儿子后生图。

先生儿子高官做，后生阿图做皇后。

两只桂圆凑成双，夫妻今夜入洞房。

芙蓉帐里配鸳鸯，来年喜得状元郎。

内容夸张通俗。男女青年趁机相识，并欢快地调笑，使封闭的乡村充满喜悦。同时女方会把甜糯米酒托在红茶盘上分给四邻八舍，与大家分享以示喜庆。

女方中午喜酒正餐，称"大业酒"，是当时当地极尽奢侈的盛宴。此时，铜鼓乐队开始唱戏，由三五人合唱一台，俗称"的笃班"，大多是越剧，也会唱绍兴高调。这些"的笃班"的唱词各不相同，总的要求是俏皮风趣，引得听众欢

◎
礼
俗

笑连连，使婚嫁气氛红红火火。

　　宴毕，开始发嫁妆，红嫁妆开始上架，红板箱、红大柜、
红桌椅一杠一杠，小件杂品由红杠箱一箱一箱地装好，红缎被
挂在杠箱上面，竹编担篮分成大中小三担，……看热闹的一路
带着喜气，小孩们如同过节一般围着嫁妆跑来跑去。

　　中午过后，新娘坐在米斗上涂脂抹粉，穿上凤冠霞帔，
下着百花裙，打扮成当年的公主模样。

　　不断到庭院去等望的人通报说花轿已至，等着新娘，果
然听见锣鼓声近，接连着是三声铳响，台门外，百子炮仗放
得满地嫣红。待吉时起身，新娘的兄弟把她从房内背到天井

中的红脚椅上换鞋。由兄弟抱着去上轿，有人说是为娘家的风水不被她带走，也有人说表面上是兄妹亲，背地里怕她带走母亲的财物，是一次搜身。然后，穿上新娘结婚特制的凤头鞋，再由兄弟背到花轿门口。据说这样娘家的风水就不会被带走了。新娘此时口中喃喃有词：

妈妈呀，昨夜与你共床眠，今天与你隔山屏。

娘边的女儿心头肉，你怎么舍得心头肉离娘远去呀。

而妈妈也边哭边说：

女儿呀，不是娘亲心太狠，女大当嫁上天定。从今以后要自立，孝敬公婆敬重夫。今年抬去明年生，子子孙孙做宰相呀。

说到做宰相时，母亲会觉得太夸张了，听众也会大笑起来。这既是一种仪式，也是母女情感的表达。这是事先排

【拜堂】

◉ 拜堂要先拜天地，再拜父母，然后夫妻对拜。这种敬重天地、敬重大自然的行为是人类共同的道德，有谁可以违背大自然、超越大自然呢？

摄影/袁云

练过的台词，而且是俗成的台词，江南地区各地文字不尽相同，意思倒也大同小异。

但见此时新娘果然开始哭泣，是依恋娘亲而起，或是喜极而泣。今日此时，确实是生命之转世，百般情感，万种思绪，心理极其复杂。伴姑妹相随送到轿前，放下轿帘。此时伴着母亲的放声大哭，鸣锣放铳，百子炮仗如雨。

这边花轿出了村口，新娘啜泣声渐渐止住，想必既是喜悦，亦有恐惧，丈夫将是如何容貌，是否体贴，公婆是否良善，小姑是否朴实。到婆家要孝敬公婆，体贴丈夫，友善姑叔，母亲的话在此时一一回响着。对新生活的期待和疑惑，让新娘的心中再一次翻转着复杂的波浪。

婚轿旁边，紧跟着二至四人不等的伴姑妹，好似公主出嫁一般。一路上，人马浩浩荡荡，转弯鸣锣，过桥放铳，炫耀着喜庆，炫耀着奢华。

花轿抵达夫家村庄，进了男家大门，要进行放轿仪式，接连放下抬起，连放三次，连抬三次，意思是去尽路上所染的不祥之气。此时喝彩声四起，轿前轿后都是客人。又放百子炮仗，打锣吹号。花轿到了堂前，稍歇一歇，待吉时到，才揭开轿帘。轿前五谷撒地，用新草席或红被单放在脚下，

【红妆木雕區】

● 朱底金字并嵌着琉璃的床
　 區上，写着"玉燕投怀"
　 题额，既浪漫又风趣。

由男方两位少女接轿，扶出新娘，把她接入新房。新娘一到房内，就有一个家丁兴旺的妇女前来象征性揩面。随后喂饭，叫"喂新妇饭"，只喂三口，边喂边讲"尊重公，尊重婆，两夫妻商商量量，和合欢悦，多子多福"等。待新妇饭喂好后，堂前晚宴正餐"吃喜酒"开始。"吃喜酒"一般就在堂前和四合院内，堂上贴着红双喜、红对联。

婚礼仪式在堂前举行，俗称"拜堂"。只见堂前堂后都是客人，一对龙凤红烛闪闪发亮。隆重的仪式在鞭炮声中开始，在司仪的高声指点下，新郎戴着状元帽，扮成新科状元，与凤冠霞帔、披着红盖头的新娘双双跪拜，司仪高呼"一拜天地，二拜高堂，夫妻对拜"，又是锣声齐作，鼓乐齐鸣。最后，新郎、新娘由伴郎、伴娘引入洞房，称"送洞房"。

送洞房要请新郎，由司仪高唱：

一请新郎言一状，今夜与君进洞房。

出阁玉女柔如水，轻风细雨莫粗狂。

二请新郎二和唱，夫妻即时上牙床。

夫是彩蝶觅清香，妻有娇莲初流芳。

三请新郎祝三多，相欢求得状元郎。

桃红柳绿春为媒，青帐朱床结连理。

入洞房后，婚房内还要行"坐床撒帐礼"。夫妻双双同时坐在床沿上，司仪唱撒帐歌，并把五谷、桂圆、莲子和铸有"长命百岁"字样的铜钱撒于床帐之内。歌词有：

撒帐撒到东，连中三元做个状元公。

撒帐撒到南，早生贵子早登科。

撒帐撒到西，新郎看到新娘笑嘻嘻。

【二件和合】

● （上）和合圆润可爱，手感极佳，象征吉祥如意，百年好合。

【落地烛台】

● （右）烛台是洞房那天点洞房花烛用的，一对红烛祈求着婚姻美满。

撒帐撒到北，喜事连连合家乐。

撒帐之后，新郎要为新娘挑去红盖头，新婚夫妇要首次面对面对话，叫"开金口"，第一句话必是吉祥的问候语，新娘要羞羞答答地回应吉祥问候。挑开红盖头后才知道双方的面容，这位陌生的夫或妻今夜将与他或她同床而眠，往后共同生活，同育儿孙，直至死后同坟千古。此情此感，无法用语言形容。八十七岁的陈氏阿婆告诉我，她结婚时只有十七虚岁，丈夫已是三十二岁，媒婆骗说是二十六岁。那日盖头拉下，非常意外这个男人将成为她的丈夫，而且要与他同床共眠，她十分害怕，幸好当夜他没有"欺侮"她，第二夜也没有"欺侮"她。她倒反觉奇怪，似乎又有些期待。阿婆描述当时的情景，非常生动。

洞房后，新娘要给公婆及族房长辈献茶，而长辈则给新娘红包礼金，同时，还要看公公"扒灰"表演。"扒灰"二字在今人已十分陌生，是指公公与媳妇偷情的概称，相传与明代风流才子唐伯虎有关。传说唐伯虎儿子有位小妾，娇美风骚，常常与公公调笑相戏。一日，唐伯虎知道儿媳妇会打扫桌子，便在满是灰尘的桌面上用手指写道："身若杨柳桃花面，肥水不落外人田。"此时，忽见门外有文友来访，儿媳妇急忙用手将桌上灰尘的字迹扒掉。不知是访友看见，还是其他原因，总之此事便传扬了开来。从此，若有公公和儿媳妇有染，便称"扒灰"。故事当然是毫无根据的演绎，但浙东舟山地区和鄞州沿海一带婚礼过程中，公公的扒灰表演至今仍是不可或缺的一环。

表演扒灰时，堂上并排放几张八仙桌，桌上放着两把椅子，在众人的喝彩声中，公公

【扒灰仪式】
● 这种古老的仪式在现代文明中流传，令人觉得不可思议。

和婆婆高高地坐在椅子上。此时，公
公要在肩上背一把灰钯，堂上挂起对
联："媳妇本是公公抬，今夜我先扒灰
来。" 随后，族房长者追打背着灰钯
的公公，公公逃到床底或桌底下爬行，
其余参与者厉声唾骂公公。婚礼的热
闹气氛瞬间达到了高潮。这看似无理无
节、伤风败俗的婚礼奇俗，最终的目的
是警示和教育公公、媳妇以及看客们。

　　接下来便是闹洞房，一对新人坐
在床沿上，中间的桌子上有红果盘，红
果盘内盛放着各色果品点心；女方的伴
姑妹和男方结拜弟兄及其他亲友，围坐
在由几张八仙桌合成的大台子前，开始
击鼓传花。鼓声响时，鲜花依次传递，
鼓声停时，下家便不再传接，持鲜花者
便要唱歌或说个笑话，气氛喜庆愉快。

　　闹洞房是婚礼中不可缺少的节目，客人会拿新娘和女
傧相取笑。旧时男女内外有别，授受不亲，婚后，其他男人
就不能和新妇取笑，只有闹洞房，算是短暂的例外。闹洞房
时言语超出常理，动作出格，都没人计较。尤其是新郎的弟
兄们，极尽所能，想出种种方式，让新人当众表演，以逗乐
取笑，此时"三日无大小"，许多禁忌都被解除了，如同狂
欢的节日。因此，无论如何戏闹，如何难以接受，新人是不
能反目生气的。如果气走了闹洞房的宾客，便会认为新娘任
性，人缘不好，日后的日子自然不会好过了。

　　也有一种说法，洞房内会有鬼怪作祟，为了避邪，增加人
势和阳气，才闹洞房，所以民间有"人不闹鬼闹"的说法。在

【初婚图】

● 结婚对传统女子来说，
　是梦想，也是恐惧，她
　的生命从此翻开了新的
　一页。

97

古代，乱世之时，新婚之夜常会有强盗或恶少侵扰，夜深人静，乡野百姓，无依无靠，这种不幸时有发生。通宵达旦，亲朋闹房，会起到保护新人的作用，这恐怕是这种习俗广为流传的原因之一。远古时代的事实无从考证，但是上世纪40年代发生的故事却千真万确，可帮我们理解闹洞房习俗的深层次社会原因。当时战乱纷纷，家乡山岙里常有土匪出没，有个土匪头目叫葛开国，时常打探谁家新婚，会在新婚之夜，下山抢夺初婚。因此，附近山村有新婚人家，事先要上山献礼，请求他结婚时莫来侵扰，但他稍不满意或听闻新娘美貌，就会带上十位土匪来抢新娘。

待闹洞房的人们走后，已近天亮，即有事先吩咐好的亲戚子侄，约五六岁，到红马桶或子孙桶里撒一泡尿，称"拉马桶尿"，并把早已放在马桶里的一双红鸡蛋给他作为奖励。这是祈求新娘早生贵子，讨个好彩，也是十里红妆婚俗的重要仪式之一。

结婚当晚，还要"验贞"，会在初次行房之时使用公婆送来的白色手巾，用完后交还公婆，民间叫"喜帕"。传统社会对于贞节的崇拜似乎已经成了心理上的痴迷，直接体现在新婚当夜"洞房验贞"。可悲的是，新郎并不以为这是对夫妻二人情感的伤害，而新娘也不觉得是对自身人格的侮辱。

由于处女膜是否破裂成为检验贞女的唯一标准，一旦未见"喜色"，新郎与家人必会因新娘不贞，在心理上产生很大的猜忌，轻者使新娘无言以对，受辱终生，重者将被告知

【藤枕、皮枕】

⦿ 枕头也是私秘性很强的日用品，有些春宫图画在枕头上，称枕画。而枕边话，便是男女之间的悄悄话。

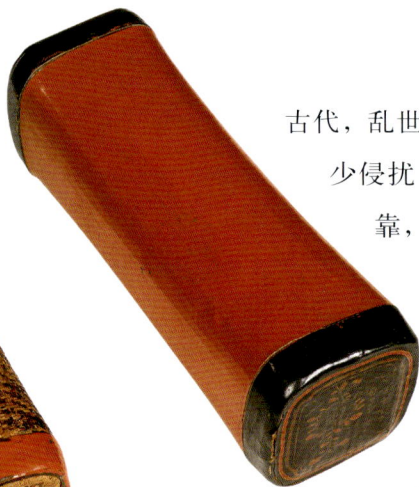

媒人送回娘家。

"今宵同睡碧窗纱，明朝看取香罗帕"，如果有见红的白手帕，自然是皆大欢喜，纷纷表示祝贺，美满姻缘成功了一半。

婚礼第二天早上，媳妇要拜见公公婆婆，为他们端饭。公婆会象征性地吃一口，媳妇也要在公婆吃过的饭碗里象征性地吃几口，象征着媳妇孝敬公婆，能吃他们的剩饭，媳妇吃剩饭的地位和待遇也随之确定了。

饭后，四邻八舍纷纷前来看新娘，讨红鸡蛋，公婆会满脸喜色地接待各方邻舍。这时，最开心的莫过于村里的小孩了，随时都可以进入婚房讨红鸡蛋。记得我大哥结婚时，我只有八岁，眼见熟识和不熟识的上街下街的小朋友都来向嫂嫂讨红鸡蛋，便双手拦在木楼梯中，不让陌生的小朋友通过，至今记忆犹新。

送嫁妆过程中最热闹的还是铜鼓乐队，乐队乐器以传统铜乐为主。有咚锣，直径约一尺二寸，中央受槌处凸起杯口大的一圈，用木棒作槌，声音浓厚洪亮；有锡锣，八寸左右，无纽，用竹签打击，声音很低；有梅花盘，像短喇叭一样两面互击；有钲，也用竹签打击，笃笃声。铜乐喧天，夹着炮仗齐鸣，热闹非凡。这些铜鼓乐队，始终服务于整个婚礼过程。

◉ 喇叭一吹，高昂洪亮，最能表达吉日的喜庆。铜锣一响，锣声震天，必能激起人们兴奋的情绪。

◎ 礼俗

◉ 婚床

第八章　婚房

丹桂宫中来玉女，桃源洞里会仙郎。

方方正正的四合院内的东厢，应是长子的婚房。婚房格子用榫卯拷了双喜图文，窗下有一道横窗，称遮私窗，意为婚房的隐私由横窗格阻挡。这种婚房在婚后便自然成了内房。

结婚是喜庆的日子，红色是婚嫁的主色调，门首上贴着红对联，堂前贴着红双喜，梁头上点着红纱灯，红烛，红盖头，红鸡蛋，喜庆的色彩凝结着人们对新人美满幸福生活的深深祝愿。

婚房是结婚仪式的重要活动空间，也是未来夫妻生活的内房。内房会有许多隐私，婚后是不容许亲朋好友随便走动的。

婚床是婚房的中心。婚床的制作非常复杂，因此民间也叫千工床、拔步床，事实上好的婚床何止千工！婚床装饰色料使用了黄金、朱砂、青金石、水银、黛粉、琉璃、贝壳、生漆等天然名贵材料。这些来自于大自然的材料和色料数百年不变颜色，而且越用越好看，上了百年，鲜丽的色彩上会形成一层古旧之美色，即古色。婚床选料考究，工艺精湛，使民间家具的制作技艺达到了前所未有的水平。

"一生做人，半世在床。"更何况床还是传宗接代的重

【婚床】

◉ 婚房内，有存放卫生洁具的马桶椅，打开椅子，马桶便在座下。

要家具，当然要用最讲究的做工和最隆重的仪式来运作。因此，旧时江南地区，制作婚床时，工匠和主人要祭拜神灵，祈求多子多孙。

尽管四合院有院门，中堂有堂门，房间有房门，但婚床还要做两道纱帐。总而言之，婚床要做成屋中之屋，房中之房，可见古人对夫妻生活的心态。

拔步式婚床的拔步上右侧放点灯柜，左侧放马桶柜，后面是六道正屏，两侧是四道侧屏，前有两道遮枕屏。前帐中间上首称水口，水口顶上叫翻轩，四柱称夹柱，前帐两侧是纱窗，拔步脚称踏步板，中间当然便是正床了。在这样的床上休息，在这样的床上做梦，在这样的床上过夫妻生活，自

【红妆木雕匾】

◉ （上）并蒂生莲，寓意性爱和生育。

【婚房】

◉ （下）婚房也称洞房，婚后便是她和他的隐私空间。但在大户人家中，明媒正娶的她，不知有多少个夜晚独守空房。

【婚床】

⊙ 婚床也称千工床，因用工时千工而得名。婚床的制作工艺极其复杂，极尽工巧。

然有着和现代人不一样的人生。

婚床前帐雕刻异常繁缛，运用透雕、浮雕、堆塑、贴贝、勾漆、描金等工艺，不惜工本。题材大多是古典名著、民间传说、戏剧人物等。内容离不开多子多福、喜庆吉祥等美好愿望。婚床前夹柱上往往塑有诗句："丹桂宫中来玉女，桃源洞里会仙郎"，"凤鸟对舞珍珠树，海燕双栖玳瑁梁"，"意美情欢鱼得水，声和气合凤求凰"，既表达了对夫妻生活的美好祝愿，又充满了浪漫情调。

婚床前帐水口上常见男女调情戏闹的故事内容，或男握女的三寸金莲，或女的强拉男的胡须，有的甚至画着赤裸裸的情爱场面。这样题材的实物经过几次运动大多散逸，现存世的已经是凤毛麟角了。

婚房内有一种叫"美女床"的小巧矮床，如同长长的承托，也称春宫床。春宫床四面都精工细作，天然白藤编织的

【婚床木雕抛绣球局部】

● 朱金家具的雕刻主要有浮雕、深浮雕和透雕几种，题材大多取自民间传说和古典戏剧故事。

床面，床牙曲折婉转，设计巧妙。春凳是简化后的春宫床，但比春宫床更精致，更小巧灵活。和春宫床比较，春凳实物存世较多。

　　房前桌是婚房内必不可少的家具。房前桌抽斗上的铜饰生动可爱，有蝶、蝠、蝉等。红妆家具中的铜饰之精美是其他家具中少见的。古代官府为防私铸钱币，禁止民间流通铜料。民间所用的铜料由铜钱熔化而成，可见家具中的铜饰来之不易，是财富的直接体现。有的铜饰中还涂上白银，用银、铜、锡合金的白铜更是价值不菲。

　　笼和箱是内房中盛放衣服棉被的专用家具。四方大箱为"笼"，四方小箱为"箱"。箱笼描金着彩，以樟木为主，可以防虫蛀。箱的品种非常丰富，有皮箱、衣箱、枕箱等。皮箱有刻花、压花、贴花、堆塑等工艺装饰。那些内外两层都是牛皮的箱笼，需要一整头牛的牛皮。

【铜饰】

◉ 铜饰是红妆家具的重要装饰，朱底黄面，增添了红妆家具的高贵气息。

婚房

105

● 凳腿截面呈梅花形，因此也叫"梅花腿"。腿足外放，使凳子稳健结实。"春凳"二字，自然让人想起风花雪月的浪漫生活。

除大床外，内房中体量最大的家具要算红大柜。红柜中间有一面大圆铜镜，柜方镜圆，象征天圆地方。红柜顶上装饰了精致的罩沿，罩沿繁复的雕刻与光素的铜镜、柜门形成了很大的反差，一繁一简，产生强烈的艺术效果。这种红柜立于婚床一侧，如同坚守岗位的卫士，守护着内房的宁静空间。

值得一提的是有种明式床前小柜，全素无雕，四脚外放，上小下大，有两个抽斗，两面摇杆门，门饰小圆铜镜。抽斗面上铜饰拉手两个，一圆一方，一阴一阳，颇为好看。这种打破传统对称理念的装饰手法，在明代和清代是少见的。

红妆器具中的盒子琳琅满目，有帖盒、首饰盒等。帖盒是婚前男女两家往来信札交流的包装，上面饰和合二仙、五子登科图案。首饰盒有大有小，形式各异，也称百宝箱。有的首饰盒内有许多隐藏的储物空间，藏物安全，使用时又别有趣味。

椅子是婚房内最常见的品种。小姐椅矮于其他椅子，侧面有一个小抽斗，专门放金莲小鞋，这是隐私，所以隐藏在

椅子底下。两出头明式小姐椅没有抽斗，刻龙凤图案，灵巧雅美。小圈椅的尺寸小巧，正是女性适用的椅子，男士不能用，这是俗成的规矩。

　　婚房内还有一种微型家具洗脚方凳，只有三十厘米左右，也有一个小抽斗，是红妆中较小的器物，做工精细，十分可爱。

　　鼓凳具有内房情趣，既可坐人，又可藏物，古代仕女画中总能见到坐在鼓凳上的美女形象，是女性专属的坐具。

　　衣架是婚房中装饰效果最好的品种之一，几乎是婚房的摆设，工匠们会不惜工本雕刻镂花。

　　宁绍一带把各式圆木器皿称为桶。这些生活在唐宋越窑瓷器分布地域的古越"遗民"，在木制圆桶的制作中传承着越窑瓷器的造型风格和装饰手法，真可谓"千年一脉，遗风依然"。丰富多彩、实用方便的木桶是红妆中最为精彩的器物。它们或雕或素，或瘦或肥，谱就了桶的美妙乐章。

　　朴素典雅的提桶犹如女子腰身的线条，非常优美。提桶的装饰往往在提手上，有龙纹、凤纹、如意纹、卷草纹等，整个器具显得生动精致。茶壶桶有保暖作用，是当时的热水瓶，壶嘴外露，可以随时倒茶，内垫棉花、鹅毛以保温。茶道桶是专门用于泡茶、洗茶的用具，也是茶文化在内房中的直接体现。

　　讨奶桶是桶中最小的品种，也是内房必备之物。分娩后的产妇尚未有奶水喂小孩，就用这精致的讨奶桶去邻里讨奶水。一个精致的讨奶桶会引来四邻欣赏和赞叹，

　　桶上配置的铜箍也是装饰品之一，桶盖上配以铜滴子、琉璃滴子、木雕滴子等，使木桶更显华丽精致。

【鼓凳】

◉ 鼓凳，中空，故也称鼓桶，是内房女性专用的坐具。

【讨奶桶】

◉ 婚后生育时，头几天没奶水，需向村中有奶水的哺妇讨奶，精致的讨奶桶能为新妇赢得体面。

【茶壶桶】

◉ （左页上）古代没有保温瓶，把瓷壶或沙壶放在茶桶内，边上塞上棉花或羽毛保温。茶壶嘴露在外面，可以倒茶水。

【茶道桶】

◉ （左页下）泡茶时，第一道茶水要倒掉，茶道桶正是洗茶的用具。隔栏内外各有三个底圈，可以放茶杯，茶水盛在桶里。

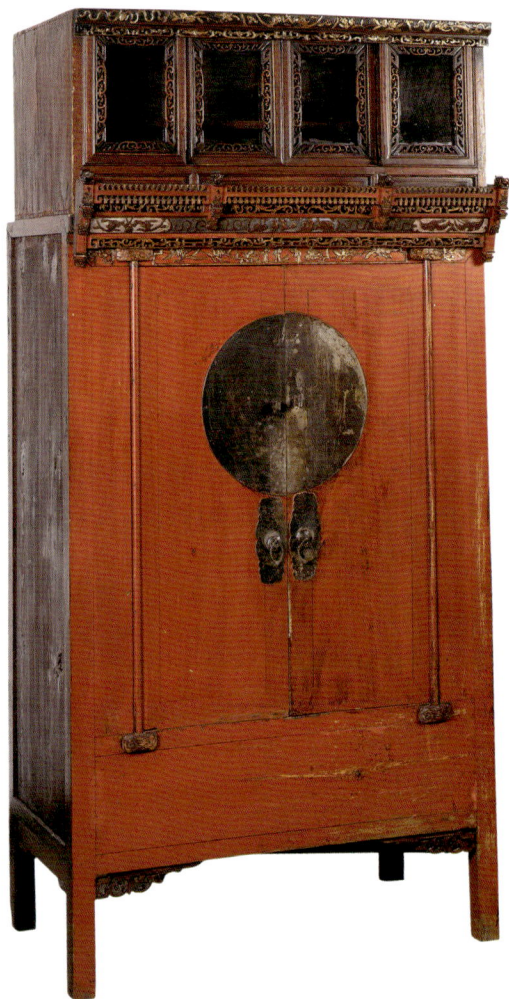

【红大柜】

⊙ （左）天圆地方的整体造型，稳定又不失秀美。

【红大柜】

⊙ （下）柜顶罩沿雕刻精细，两侧垂花用的是堆塑工艺，繁复的罩沿与清素的柜面形成鲜明对比。

【则百斯男匾】

⊙ （右页）则百，所有的法则和规定，斯男，这个男人；对女子而言，所有的规定都是为了这个男人。

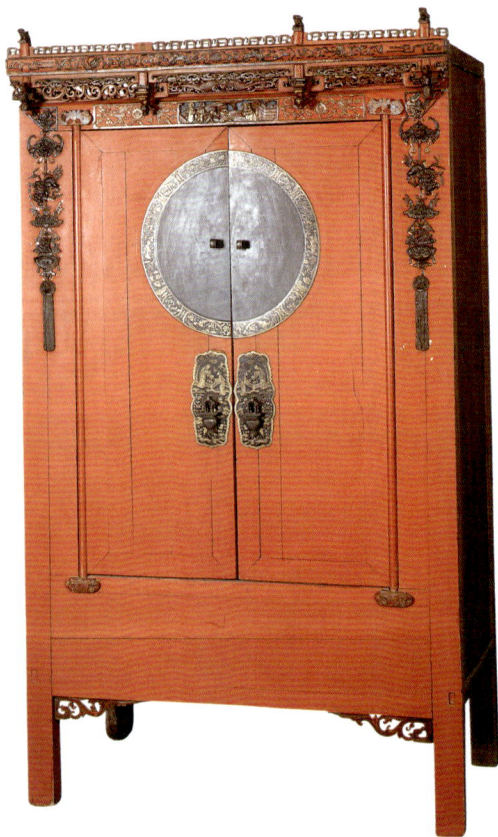

越剧《九斤姑娘》家喻户晓，一个聪明伶俐的农家女出了一个关于桶的谜语。"天亮要箍天亮桶，晏昼要箍午时桶，日落西山黄昏桶，半夜三更要紧桶"。从早到晚生活中必需的桶分别是：面桶、饭桶、洗脚桶、夜壶桶。"要箍有盖无底桶，要箍有底无盖桶，要箍无底无盖桶"。这分别是锅盖、豆腐桶和蒸笼。"一对恩恩爱爱夫妻桶，一只外国金丝桶。"分别是挑水桶和养蜂桶。"还有一只奇怪桶，一根横档在当中，一根尾巴通天宫，上头一记松，下头扑隆通，提拎起来满腾腾。"南方多井，提水时，水桶上一根绳子，一松一紧，将水灌入桶内，用手提绳而上，这种汲水方法在江南地区人们叫"吊水"，桶也就叫"吊水桶"。

这些桶在内房器具和日常生活中一个都少不了，广为流传的桶谜更是让桶的故事增添了鲜活的趣味。

竹编也是内房中内容丰富的器物，有担篮、提篮、菜篮、饭篮、针线箩等。较常见的叫提篮，优美的造型总会让人想起《红楼梦》中林妹妹葬花的情景。它的提手用两根天然白藤绞合而成，用竹丝编织"福"、"寿"等文字图案，是精致的匠作器物。有些提篮以方形为主，提手两侧用竹片刻八仙人物、龙凤图案，雕刻的"拉不断"纹饰和竹丝浑然一体。提篮有圆形、八角形，提手凹陷，很有特色，篮盖上描金勾漆，常绘有一幅精美的图画。担篮最大，可装各种食

【夏篮】

◉ （图1）"夏篮"是有孔透气的竹编，专门用来盛放饭菜；不透气的则叫"冬篮"，两者形状相同。

【荷包竹箱】

◉ （图2）用两种不同颜色的竹篾编织成福、禄、寿、喜等文字或图案，是竹编的绝活。

【娘家篮】

◉ （图3）旧时江南地区有婚后三日夫妇回门的习俗。娘家篮是回门时给娘家装礼物用的。

①

②

③

品，是田野劳作时送饭和清明上坟担供品的必备之器。

婚房内悬挂着内房匾额，朱底浮雕金字，"则百斯男"或"相敬如宾"。"则"，法则、规定；"百"，百事，所有；"斯男"，这个男人，意思是说一切规定都是为了这个男人。"相敬如宾"也是男人对女子的要求。传统社会女性没有自我，女人是为了男人而活着的。房内匾额正是公婆时时提醒媳妇服侍好自己的儿子，或是丈夫要求妻子的行为标准。

相夫教子是妇女的传统职责，举案齐眉是传统女子的美德，为丈夫而辛苦，为子女而操劳是传统女子妇德的具体表现。

梳妆打扮则是女子妇容的要求，别说爱美之心人皆有之，这大户人家的三妻四妾，更须用心保持青春魅力，以取悦自己的夫君。因此，梳妆台的制作，往往尤为精致雅美。

女子梳落的头发是不能随便乱放的，当年慈禧太后有黄金做的金发塔，用于收集平常梳落的头发，至今依然完好地保存在北京故宫内。而内房和围房一样也要有一个由竹篾编织的头发箩，将散落的头发收集在一个小小的鱼篓似的发箩中。房内的发箩挂在梳妆台上方。

婚房内镜子是必不可少的，汉唐时常用的青铜镜在明清时代已不多用，清末，西洋玻璃镜子已经得到广泛应用。

内房包含了生活的方方面面，自然也包含了对于祖先和神灵的敬畏。祭祖用的祭盒，黑漆作底，描金彩绘，精致中透着神秘。盒内有九果盘，独木挖制，祭祖时用以奉上时鲜水果和菜肴，是家中的礼器。另一种祭盘是八只一套的多角盘，斗角优美轻巧，做工繁难。沿海一带祭盘做得最精，如盛开的花朵，盘心彩绘相夫教子、和合二仙图。这些完整的祭盘在民间极其罕见，早已成了玩家的珍藏了。

【有盖面桶】

◉ （上）桶盖上刻暗八仙图
案，滴子上刻一昂首相望
的小狮子，生动可爱。

【祭盘】

◉ （右页）祭盘也叫果
盘，或圆或六角，像盛
开的花朵，盘心彩绘戏
剧人物故事图，是实用
漂亮的艺术品。

● 仕女

第九章 妻妾

娶妻娶德，纳妾纳色。

我国古代实行一夫一妻多妾的婚姻制度。儒家思想确立的夫妻伦理观念是夫尊妻卑，这就像太阳从东边升起，月亮围着太阳转一样，天经地义。妇女没有社会地位，夫为妻纲，妇女的一切只能服从和依赖于丈夫。

夫尊妻卑、妻尊妾卑是传统夫、妻、妾关系的内涵。女子结婚后进入夫家，为人媳妇做人妻子，要将丈夫比作天，低眉事夫，敬重如宾；对公婆更是要惟命是从，敬如神明。古人云"天之下于地，夫之下于妻"，直截了当地确定了这种由天差地别的关系。

传统社会对妇女有"三从四德"的要求。所谓"三从"，是指"未嫁从父，既嫁从夫，夫死从子"，意思是说女子在未出嫁时要听从家长的教诲，要无条件地服从长辈的训导；出嫁之后要礼从夫君，与丈夫一同持家执业，侍奉丈夫；如果夫君不幸先己而去，便要设法抚养教育子女，儿子长大之后，依靠儿子。四德是指"德"、"容"、"言"、"工"。"德"指品德，能正身立本，按传统礼教制度安分守己；"容"指容貌端庄，稳重持礼，不得轻浮随

【妻妾】

● 妻妾成群是传统社会中富贵人家男权的象征。

117

◉ 一样的女人，不一样的装束，无论是古是今，女人永远是美的化身。

便；"言"指言语得体严谨，不能随便发表不确实的观点；"工"就是女红。

富家大户中三妻四妾十分普遍，男子六七岁便招十六七的媳妇，由她服侍未来丈夫。"十八女儿九岁郎，夜夜抱郎上牙床。若非公婆双双在，你做儿来我做娘。"待男子长大成年，方始成婚，若生得一男半女，则妻子名分确定；若未曾生育，一生便成了佣人，命运可悲。丈夫二十余岁，妻子已三十几岁，丈夫会纳二房，甚至三房。有的男子七十岁依然纳妾，名义上为多子多福，尽祖先孝道，实质是作福享乐。三妻四妾的家庭关系必然复杂，在夫权的统治下，有的家庭倒还尊卑有序；但更多的是表面上相安无事，背地里争风吃醋。富裕人家子女众多，教育便成问题。同父异母的兄弟姐妹没有深情厚谊，各自以母亲为轴心，直接影响着子女的团结。传统社会富不过三代，和这样的妻妾制度是有直接关系的。

然而，对于女子来说，这样的生活状况，是无法抚慰其日常生活中身心的空虚的。有歌谣为证：

　　悔呀悔！悔不该嫁给有钱郎，图什么高楼房，

　　贪什么大厅堂，夜夜孤身睡空床。

　　早知今日千般苦，宁愿嫁给种田郎，

　　日在田里忙耕作，夜伴郎哥上花床。

大胆而细腻地表现了富家大户的处境。想来这绝非女子自己
创作和吟唱的歌谣，而是穷酸秀才怜惜独守空房的富家女子
而代为传颂罢了。

　　丈夫要纳妾，真正的贤妻便亲自去办，最贤的贤妻，还应
该是丈夫尚未开口，她就把小妾领进门来了，让他喜出望外，大
叫"夫人贤德"。《红楼梦》中的邢夫人，知道丈夫贾赦看
中了贾母身边的丫鬟鸳鸯，便忙不迭地亲自出马张罗，又是
找鸳鸯说话，又是找她哥嫂递话。反倒让贾母发话："你倒
也'三从四德'的，只是这贤惠也太过了！"传统贤妻是缺
少女性魅力的。

　　"娶妻娶德，纳妾纳色"。小妾一般来自贫民人家，完
全靠年轻貌美进入有钱人家，妾与丈夫之间的关系不需要经

【树荫纳凉图】
● 关于传统女人的风流韵
　事，贞妇烈女，关于十
　里红嫁妆，已成为村镇
　内夏日里大树下闲谈的
　题材。

过"父母之命，媒妁之言"，妻是娶的，而妾则是纳的，或是父母赐赏的，或是用钱买来的。

小妾进门无须婚姻六礼的复杂程序，只要说好给娘家多少钱，选个吉日便可以进门。进门仪式相当简单，由一顶类似于躺椅的"棉轿"抬进门。这种"棉轿"上无轿顶，下无轿座，半睡半躺，摇摇晃晃。据老人讲，一般会在早上悄悄抬过门，并且不能从正大门进入，而是从偏门进，与明媒正娶的十里红妆婚俗形成强烈的对比。

因为小妾在夫家没有地位，即便在其他日常事务中也没有一定的尊严，所以她们往往靠使手段来取得基本的生存权。

《红楼梦》中探春的母亲赵姨娘是贾政的偏房，而探春虽是其亲生女，却称赵姨娘为姨娘，称贾政的原配王夫人为母亲。这种称谓在传统社会中并非称呼问题，而是关系到身份、地位的原则性问题。即便是探春当家时，赵姨娘亲兄弟亡故，也只能以最低的礼仪，区区二十两银子打发了事。

从某种意义上说，妻与妾也是主仆关系，妻对妾来说是半个主人，与夫一样，对妾握有生杀大权。所谓的"纳"，实指妻"容纳"的意思。因此，纳妾是需要经妻子同意，甚至是由妻子操办的。但事实上，不少男人纳妾未必经过妻子同意，与小妾同房也完全凭男子的兴趣。因此小妾恃宠而欺凌妻子，使原配郁郁而亡的事也常有发生，小妾之间争宠相斗如电影《大红灯笼高高挂》里表现的那种现象是十分普遍的。

在传统男女观念上，男性似乎成了施恩者，女性便自然成了受惠者，前者是恩人，后者只能报恩而已。妻妾一旦进了夫家，便隐去了姓和名，成了王氏、陈氏……便失去了自我，必须忘

【妻妾图】

● 妻妾成群的生活是传统观念中男人的所谓福气，但不知有多少富家大户因此而败落。

却娘家的利益得失，而把自己彻底融入夫家的家庭利益中。遗憾的是，尽管女子按传统礼教去实践人生，但始终不是夫家的主人，沿海一带至今称妻子为"内客"、"贱内"，甚至直呼为"床上的"、"屋里的"。

　　妻子不遗余力地维护夫权，控制小妾们的生活和思想，从某种意义上也是为了稳固自身的地位，似乎有"为虎作伥"的意味。什么是"为虎作伥"？民间传说伥是被老虎吃掉的冤魂，但护在虎的身边，为老虎寻找食物，并且专门勾引别人为饿虎充饥。妻子一方面是夫权社会的牺牲品，另一方面却又帮助丈夫欺压小妾。

　　红嫁妆中的客床，是明媒正娶的妻子娘家陪嫁过来的，专门让她娘家人做客时使用，而小妾的娘家人则不能享受。这体现了正房的地位和威严，时时让小妾们有低人三分的感觉。无论丈夫如何宠爱小妾，但妻子娘家带来的嫁妆，即便是针头线脑，丈夫也无权送给小妾，这是妻子在夫家的惟一权力。

　　传统社会中的奴仆是世代相袭的，父母是主人家的仆

【红妆木雕风骚图】

● 带有春宫色彩的装饰令人觉得不可思议，事实上，在"明堂暗房"的内房里，露骨的描绘并无顾忌，男欢女爱从来是内房流行的题材。

● （右页）客床是正房从娘家十里红妆陪嫁过来的，只有她娘家来的客人才可以使用，小妾的娘家人是不能用的。

人，所生下的女儿，继续在主人家当奴才，当婢女，也称丫鬟。这种丫鬟在《红楼梦》里称家生女儿，贾母身边的贴身丫鬟鸳鸯便是这种身份。另一类当然是非家生女儿了，主要是家庭贫穷而被卖给主人的。袭人就是因为家里穷没有办法养活而被卖给贾府做丫鬟的。有时丫鬟会有一个专有的房间，可以招待男主人过夜，这样的丫鬟叫通房丫鬟。尽管已经和男主人通房，但仍从事服侍人的工作，因为仆人仍然还是仆人，能够通房只是她的殊荣，平儿便是贾琏的通房丫鬟。

传统女性有五种宿命，妻、妾、婢、尼姑、娼妓。妻子必须门当户对，是稳固男权家庭的基础，无须美貌，也无须风情浪漫，但必须生育。妾可弥补妻的不足，满足男权在生理和心理上的享受，要年轻美貌，甚至风骚。婢女则是妾以外的候补。尼姑是男权对"圣女"的神秘向往，满足唯我为大的虚荣心。娼妓是一种时尚生活，使男人有面子。如今的女性，同样会有不同的人生，大多为人妻，亦有为"二奶"、"情妇"，也有"卖春"，但再也没有多少女人能静下心来，清灯孤影，伴随佛缘了。

虽然妻妾地位不同，但在贞节观念上是一致的，如果丈夫不幸早亡，妻和妾同样需要守节。

总之，夫和妻的关系更注重于礼仪关系。夫妻之间，要相敬如宾，表面上客客气气，更多的是为家庭的利益，礼仪重于情爱。夫和妾虽然是因年岁差异大，宠爱有加，但仍是主仆关系，妾在夫的面前，恭恭敬敬，不敢说不该说的话语，大多无法成为异性知己，没有平等，何来同心？夫和婢女之间，是主奴关系，更无法对等相论，婢女只是利用身体劳作和身体的奉献服务主人，甚至把这种奉献变异成主子对婢女的恩荣。传统社会中，夫与妻、与妾、与婢的这些关系始终在不平等的基础上开展，其交流的纽带便是性。

◉ 面盆架

第十章 为人媳

廿年媳妇熬成婆，难，难，难！

媳妇进门后，叫丈夫的父亲为公公，丈夫的母亲为婆婆，丈夫的兄弟为大伯和小叔，丈夫的姐妹为大姑和小姑，房内族里的辈分也一样，必须按自己未出生的儿女的辈分来称呼所有夫家的人。

传统社会，所谓的贤妻实际上是"好媳妇"，只有孝敬公婆才能被认为是好女人，而孝敬公婆需要以做牛做马为代价。一个好媳妇，必须以公婆的好恶为准则，定是非。婚后，新媳妇还要讨好迎合姑嫂和妯娌等陌生的甚至不很善意的夫家人。当然，并不是所有媳妇都遭遇艰难的生活，有的也会遇到开明的婆婆，婆媳关系亲密无间，甚至能享受到夫家的温暖。但总体上看，传统社会中婆媳之间的关系处理从来是一个难题。

媳妇和婆婆中间相差一个级别，和权伯姑按现在的理念本该平等的同辈人却必须以小一辈相处。但是也有公婆早亡后，小叔和小姑无人照顾，由嫂嫂从小养大，如同母亲，成了实质性的嫂娘了。小说《包公案》中包拯便有一位很好的嫂娘。在现实生活中，这样的例子也比比皆是。

【童养媳】

● 童养媳虽吃尽婆婆的苦头，但一般不会对外倾诉，一来归于命运，二来婆婆是丈夫的娘，她儿子的奶奶，聪明的媳妇是不会诉苦的。

【面盆架】

● （右页）面盆架上雕刻着至尊至贵的龙首图案，显示着主人对富贵的追求。

从某种程度来讲，十里红妆婚俗，是铺张奢华之风的流露。传统婚俗重财礼，有的家庭并不富足，但为了面子，效仿上层社会的富裕人家，不自量力，不惜卖田卖地，借贷，有的因此倾家荡产。这种不切实际的婚俗消费，是底层社会着实无法承受的，于是便出现了不同的婚配形式。

童养媳是传统婚姻中十分普遍的现象，主要是小户人家或贫困人家没有财力，无法按基本礼俗嫁娶。所以女子在童稚时代就许配给人家，并到婆家生活，待成年后正式同丈夫成婚。童养媳多为五六岁，也有十来岁。还有一种女大男小的情况，需要女的把男的带大，才能与男的婚配。

童养媳在婆家是需要付出艰巨的劳动的，只因娘家贫困，只求送女儿去做童养媳，让女儿有一口饭吃。童养媳在夫家和成年人一样劳作，种地、做饭、养猪，成了婆家无须付工钱的童工，甚至常有被婆家虐待而死的。

清人郑板桥在《姑恶》一诗中，描述童养媳"五日无完衣，十日无完肤"。十来岁的弱女子到婆家，婆婆让其做饭，劈柴，今日痛骂，明日毒打。她父母来看望她，还强颜欢笑，掩饰不幸，问及身上伤痕，也不敢直言相告，还说婆婆如何好。惟恐一言不慎，性命难保。

童养媳的婚礼自然简单多了，更无需备六礼，待男女双方长大后自然结合，择日婚配，族人稍作宴请。

另一种简单的婚姻称"对换亲"，把自家女儿嫁给对方的儿子，把对方女儿换回来做媳妇。这种"对换亲"既是亲上加亲，也节省了许多婚嫁仪式上的费用。

传统婚姻也存在买卖婚姻，主要是女子的买卖。民间流传着一个典型的买妻故事。说的是一位勤劳忠厚的男子，至三十岁尚未完婚，总算赚了点钱，便去买个女人回家。这个女人穿得花艳，化着浓妆，但脱去华丽的衣服，洗净彩

妆，发现年纪竟比自己大一倍，男子只是叹气，既不与其相亲，也不恨她，反倒像敬重母亲一样供养她。如此过了一些日子，老女人觉得这男子十分厚道，便取出缝在衣衫里的两颗宝珠交与他，叫他去卖了，重新买个妻子回来。男子卖珠买妻，这一次倒有了经验，买回一个少女。老女人和少女相见，抱头痛哭，原来她们是母女，只因战乱分离，而今才得相聚。随后，老人做主为两人完婚，幸福地一起生活。在明清古典小说中也常见女子被买卖的故事情节。

典妻，是流传在古越大地上的又一类婚姻，是婚姻的异化形式。妻子不会生育，便从外村租借一位年轻有夫的妇女，给其夫一定钞票，订立借腹生子文书。男人去妇女家中住时，丈夫要回避，或去投靠亲朋，或上山筑个草屋。儿子一出生，

【百宝箱】

● 百宝箱是女人私人财富的保险箱。"杜十娘怒沉百宝箱"，便是这类专放珠宝首饰的百宝箱。

便被男人带走，妇女依然照顾她无能的丈夫。为人借腹生子只是一种挣钱的手段，可是母子连心，岂是无情？传统社会中典妻借腹生子的现象十分普遍。直至今天，浙东山区依然生活着 "典路头妻"（被典来生子的俗称）的儿子们，大多也上了年纪，不会轻易告诉别人他的身世。

抢婚，也是传统婚姻的一种形式。有的男家家境清寒，拿不出彩礼迎娶；或因女家贫穷，想留住女儿在家多劳动几年而拖延婚期，经男方再三求亲，女家仍不答应，便有了俗成的抢亲。男方族人趁女方不备之时，强行将女方女儿用青衣小轿抬走，到男家即行婚礼。女方父母也无可奈何了。也有男女双方当事人早已串通，成婚之后，女方父母也只好承认既成事实。徽州有抢亲民谣："东山站着姑，西河蹲着哥。姑儿红着脸，哥儿打哆嗦；你爹心肠狠，彩礼要得多；叫我穷哥没奈何。姑儿开了口，说你傻哥真没错；忘了祖传老规矩，穷汉无钱抢老婆。"有的因家贫无力娶妻，便约壮年族人事先寻个失去丈夫的女子抢回家做妻子。由于寡妇不该二适，而族人也不会挽留被认为不祥的妇人，即便有人来抢走，也不会介意。鲁迅先生笔下的《祥林嫂》便是典型的例子，我老家也有被抢来的阿婆依然健康生活着，而且儿孙满堂。

我实在不愿叙述关于冥婚的故事，但传统社会确实存在为年少亡故的儿子或女儿举行阴间的婚礼的现象。没有婚配不能进入祖坟，父母觉得对不住子女，同时又迷信未婚的死鬼会来作怪，为慰亡灵，故有冥婚之举。这种死人和死人配婚的"游戏"，着实令今人不可思议。

传统社会，女子有七出之规，如犯一条，就面临被休的命运。其一，不顺父母。即便和丈夫感情融洽，公婆若不中意，

【陆游像】

● 富有才气和男子气的陆游也无法摆脱传统伦理的束缚，而这弃妻顺母也就成全了所谓的孝道。

【慈禧像】

● 慈禧太后的成长过程也
是一个女人从低微到显
达的写照，她的内心在
这一艰难过程中难免扭
曲变形。

媳妇也面临被休的命运。宋代陆游和表妹唐婉婚
后相亲相爱，相依相恋。陆游母亲认为这样恩爱
必会影响儿子求取功名和前程，故无情地休了唐
婉。十年后，陆游功成名就，在绍兴沈园与唐婉
相逢，百感交集，在墙壁上题词一首，名《钗头
凤》："红酥手，黄藤酒，满城春色宫墙柳。东风
恶，欢情薄，一怀愁绪，几年离索。错，错，错！
春如旧，人空瘦，泪痕红浥鲛绡透。桃花落，闲池
阁。山盟虽在，锦书难托。莫，莫，莫！"

　　这个婆婆休媳的故事，为后世留下了这凄
美动人的千古绝唱。

　　其二，无子。孟子有话在先："不孝有三，
无后为大。"因无子而被休的事例多不胜举，妇女也因无子
而只能认命。

　　其三，淫荡。所谓的淫并非要红杏出墙，即便是青春当
年，妻子也不能对丈夫有房事的要求，而是要装作圣女的样
子。因此平常言语要慎之又慎，不能出格。传统社会中妻子
是不能有情爱需求的，她必须把自己的欲望克制在心底，要装
出无欲的样子，她也因此失去了女人应有的娇美。一旦婆婆认
为儿媳在情爱上有所要求，而儿子身体不甚健康，便会有被
婆婆休了的危险。

　　其四，忌妒，指妻子好忌妒。也就是说，妻子不能反
对男人纳妾，女人只能把万般醋意深埋在心底里，因为纳妾
会有利于家族的延续，婆婆断不会关心媳妇的感受。妻子好
妒，会导致家庭关系的混乱，当然会被休掉。

　　其五，生病。

　　其六，话太多。《女论语》有言："是非休习，长短
休争。从来家丑，不出外传。莫学愚妇，不问根源，秽言污

语，触突尊贤。”多嘴也成了被休的理由。

其七，偷东西。

其实，手握七出之规，丈夫和公婆是很容易寻个理由休了妻子和儿媳的，女人无法保障自己为人媳、为人妻的权利。

当然，传统社会也有不能休妻的规定："有所娶无所归"，娘家已无父母和兄弟，女子无家可归，不能休。"与更三年丧"，与丈夫共同为公婆服过三年丧的，不能休。"前贫而后富"，先前贫困，后来渐渐富裕的，不能休。这总算还有一点点给予传统女性的额外保护。还有一句古语："贫贱之交不可忘，糟糠之妻不下堂"，总算多少给男人休妻加了点人伦道德的限制。

从某种意义上，传统女性的人生始终是受压迫的，也是被扭曲的。但传统女性的母权，却是例外。这种母权，最典型的莫过于唐代的武则天和清末的慈禧太后，但最普遍的母权，当然是婆婆了。所以女人的一生，身为儿媳，只能忍受，直到当了婆婆，才能长出一口气了。

媳妇的言行，是在婆婆的强权下规范的；贞妇烈女，大多也是在婆婆的威严下成就的。这种强权，就像封建社会血管流淌着的血液，通过基因，代代相传。因此，留下了许许多多婆婆迫害媳妇的故事。

聪慧的妻子婚后会很快适应夫家的生活，成为好媳妇和好妻子，但好媳妇和好妻子所付出的代价是巨大的。传统社会婆媳之间关系复杂，除了个人因素外，还有众多社会原因，因此婆婆欺压媳妇便成了社会问题。婆婆做媳妇时所承受的种种磨难，并不能转化为对媳妇的同情，反而带着扭曲变态的心理对待她的媳妇，民间因此有"廿年媳妇熬成婆"的说法。

可见，做女人难，做传统时代的女人更难，做古代媳妇更是难上加难。

婚床木雕

第十一章 屏画和生殖

意美情欢鱼得水，声和气合凤求凰。

为了培养女儿端庄贞洁的品性，有家教的人家，长辈说话做事有严格的规矩，决不会在子女面前流露出半点轻浮。在纯净的封闭环境中长大的女儿，对夫妻之事毫无所知，婚后因不懂对方的身体结构，恐惧对方正当的性要求而拒绝房事，从而导致夫妻不和，甚至长期不育，这样的故事所在多有。

为了女儿婚后夫妻和谐，早生贵子，父母对女儿的性启蒙教育可谓是煞费苦心，或在嫁妆的箱笼里压箱底画，或在镜台背面贴上浪漫的春宫画，或在床屏上画些有关的二人世界。

有一件来自浙东台州民间的朱金木雕三屏婚床，从其装饰的木雕和床格的图案看，制作时间应在清初。床屏正中雕板的内容是男女相欢，男人抱着一个女人坐在他的腿上，另一女子则在屏后偷看，很有些暧昧的意味。

床帐两侧各有一图，也是男女相拥，充满浪漫情趣。这种带有春宫色彩的装饰实在令现代人不可思议。事实上，在"明堂暗房"的内房里，男女之事的描绘并无顾虑。明清遗存的春宫画的背景大多是江南地区的家具物件。这为我们了解绘画的时间和初创的地域提供了可考依据。这些春宫画中

【屏画】

● 屏画是床上彩绘的屏风，含蓄地表达了床笫之事。

133

○ 与西洋裸体画相比，东方屏画含蓄而写意。

的内房家具陈列，也为研究古代内房和婚嫁家具提供了有用的素材。

床屏画中常有一些象征性的诗句，床夹柱对联上刻着"寝兴常怀鸡人器，琴瑟须调麟趾歌"，"意美情欢鱼得水，声和气合凤求凰"。这些诗句充满着男欢女爱的情趣，并且把情和性的意味用夸张的手法表现出来。

莲花、石榴代表生育，莲生贵子，石榴多子，这些祈求家丁兴旺的题材和图案是婚嫁器物的主要装饰。女儿出嫁时，陪嫁的桶、箱、盒、瓶内都装上花生、红枣、桂圆、五谷种子，为的是讨彩头，图吉利，突出一个主题：早早生育，而且要生育儿子。

汉字中的"男"字，"田"字下面"力"字，意为男人要用气力劳作于田地，而"女"字则是传统生育情景的形象。因为古人是站着生育，临产时两手向上拉着一根木杠，或由丈夫抱着腰，两脚分开站立，中间放着马桶。女子的主要任务是生儿育女以传宗接代，这个基本要求大概在造字初始便已经确立了。

我们曾到城镇的一些百货批发市场了解目前传统婚俗的现状。货架上，马桶、油灯、铜火炉等商品处处可见。有的商户光马桶一年就卖了一千多件。在商家的库房里，我们见到数百件鲜红的马桶堆得像山一样，虽然已非传统圆木制作，仅仅只是塑料制品，但桶的形状仍旧和传统子孙桶一样，桶盖上刻压着一圈"子孙延绵"纹饰。这种民间风俗，显然有着极强的生命力，即使经过"破四旧"，经过"文化大革命"，至今依然在乡村流传，并且代代相传。

在婚嫁家具中，有一件朱色深沉老到的清初红嫁妆面盆架，造型端庄古朴，有明式家具遗风，通体雕饰牡丹和凤凰。凤凰是百鸟之王，牡丹是百花之王，都是代表女性，寓意大富大贵。有趣的是，面盆架的迎面处两框中间和下面两腿之间有壶门，壶门中雕饰石榴果，石榴正熟，果子繁盛。

屏画和生殖

【铜火炉】

● 香火延续是原始人类最艰难也是最重要的祈求，因此结婚时必会有火炉，这些火炉已成为祈求生育的吉祥物。

这决非工匠随意装饰，石榴多子，在两腿之间饰以石榴果，其寓意可想而知；其构思之巧妙，可谓把家具人格化、人性化到了极点。

江南炎炎夏季，人们喜欢竹席卧身，用竹子编织的"竹夫人"是夏天消暑的清凉之物，可拥抱，可搁脚，通风纳凉。竹夫人内有两个小球，形象有趣生动。这种实用之物实际上是男性的象征，是神圣的生殖崇拜物。"有眼无珠腹内空，荷花出水喜相逢。梧桐落叶分离别，恩爱夫妻不到冬。"这是《红楼梦》中一首诗谜，谜底便是竹夫人。在古越大地，民间至今还有丰富的竹夫人遗存。

《红楼梦》里的女子悲叹自己的命运，假借竹夫人叙写滴泪的诗谜，这是曹雪芹刻意的安排，表现的是当时社会中女子的普遍忧虑。封建社会的女子婚前被禁锁在闺房中，婚后则面对三妻四妾，面对公婆小姑，在丈夫面前失宠是十有八九。这首诗的前两句"有眼无珠腹内空，荷花出水喜相逢"，形象生动地描述男欢女爱的美妙情景；后两句"梧桐落叶分离别，恩爱夫妻不到冬"，则甘尽苦来，秋风落叶，直至冬寒，因为丈夫已有二房。这是传统社会女子的普遍命运，倘若生得男孩，家庭地位自然提高；倘若不曾生育或只生女孩，即便是正房，也难逃失去主妇地位的命运。

大户人家的马桶有二种，可供生育用的叫"子孙桶"，既可生育亦可大小便的称马桶，是红嫁妆中最引人注目的器具。子孙桶上下分两层，呈鸭蛋圆形，分娩时生于上层，下层则准备热水，刚出生的婴儿就在这子孙桶里洗去母液，因此民间有"红脚桶投胎"的说法。马桶中虚，是女性生殖器的象征，与竹夫人一阴一阳，寓意生殖。

"灯"表示"丁"，意即男丁，因此灯是必不可少的嫁妆。何况灯还是传统社会中日常照明必须的器物。灯的发展

【灯】

◉ （上）灯是"男丁"的象征，是
　　十里红妆中必不可少的吉祥物。

【面盆架】

◉ 面盆架两耳和中挡分别雕才子佳
　　人和说亲图，上首两侧和上挡板
　　分别刻有六位童子，祈求多生男
　　子。此物制作于清道光年间，虽
　　历经百年，仍光鲜如初。

经历了从原始的日月光辉到钻木取火和植物燃烧，再从炼油点灯直至电灯这样一个漫长而艰难的过程。明清遗存的嫁妆中有青油灯盏和铜油灯盏两种，前者木制朱色灯架，上置铜圈搁上一个小灯盏，里面放豆油、桐油等植物油。后者用的是洋油，应是1840年五口通商以后的产物，此时英国东印度公司在沿海通商城市销售石油，时尚人家使用起了洋油灯。"灯前绗衣疑不亮"，江南女子灯下做女红的情景，如在眼前。但灯最重要的寓意是祈求生育男丁。直至21世纪的今天，人们结婚时的嫁妆中还会有一对油灯，系着红绿丝线，结婚时由女方送往男方。

"火"是香火的意思。红妆器具中的火炉架，有高架和低架两种。这种炉架本来应配有铜制的火炉，遗憾的是

【竹夫人】

● "有眼无珠腹内空，荷花出水喜相逢。梧桐落叶分离别，恩爱夫妻不到冬"，形象生动地表达了美好的爱情和女子的悲哀。

【火炉架】

● 火炉架上应该有铜制的
火盆,是冬天用炭生火
取暖的器具,但铜火盆
在大炼钢铁时被拿去炼
铜了,至今尚未找到相
应的铜火盆。

◎ 屏画和生殖

上世纪50年代末的大跃进运动中,大炼钢铁,家具上的铜饰,以及各色铜火盆都被搜去炼铜了,故一直找不到一个与火炉架相配的铜火盆。火炉架有明式的,造型简洁,线条明快,圆腿稳重而充满饱和度。顶面会有几枚铜乳钉,可以搁上火炉盆。

嫁妆中还有铜手炉,江南地区多数叫它"铜火囱",有红铜、白铜、青铜制作的,也有白银和黄铜合成的银白铜制作的。精致的手炉上刻着花卉、人物、山水图案,刻着和合二仙、宜子孙字样,小巧而雅致,也是"香火"延续的象征。这些手炉已经成为藏界一品。

床屏画是为了生殖和爱情配置的,一方面是性知识的启蒙和教育需要,另一方面是人们对爱情的赞美和向往。人类原始的生殖崇拜从远古到今天始终没有停止过,生命有限而香火不断是人类顽强传承的结果。

139

◉ 牡丹团花

第十二章 贞节

有女在室，莫出闺庭；有客在户，莫露声音。

女子的贞节在传统婚姻中极其重要。婚前失去童贞，是为夫家所不容的。新婚之夜如果新娘没有见红，新郎就怀疑妻子已失去童贞，可以退回娘家，解除婚姻。即便丈夫和公婆没有公开否定婚姻，但这女子一生都将低人一等。因此在江南有婚后三天回门的习俗，夫妻双双高高兴兴回娘家，说明夫妻一切顺利；倘若迟迟不回门，父母便提心吊胆。

从现代科学眼光看，初婚之交是否见红并不百分之百地证明童贞。不知有多少女子遭受了不明不白的耻辱和冤屈。因此，女子保护婚前的童贞便如同保护生命一样重要。

传统观念认为，"男女授受不亲"，男女之间，有着严格的规定：不能杂坐在一处，不共用一个衣架放衣服，不共用梳洗器具，不亲手递交东西，叔嫂不能互相问候，外面发生的事情不能传到内房里来，内室的事情也不能传到外面去，已定亲的要在脖子上、手腕上、手指上带上首饰标志。古人云："有女在室，莫出闺庭；有客在户，莫露声音。"女子不能斜眼偷看男子，不得谈论男子，未婚女子不得随意走出闺房。即便是一家人，也有兄弟叔伯妯娌之别，内房不

【琴瑟和谐】

● 夫唱妇随，子孝母慈，是传统妇女一生的追求。

能随便出入，有的夫妻甚至同房不同食。

即便偶然同行、同室，或在一起交谈，也统统被视为奸夫淫妇。在严厉的贞节观念下，男女没有自由交往的机会，社会也决不容许有这样的自由。

直到现在，浙东农村传统观念强的人家，脸盆、脚盆仍然男女分开。

在江南农村，至今仍能看到石刻的贞节牌坊和祠堂上挂的贞节匾。这些坊和匾都是当年官方赠与并被族人用于宣扬所谓的美事的，但每一个牌坊都有一个凄惨的故事和一个悲伤的女人，是女人的血和泪铸成了贞节牌坊。

在徽州地区，贞妇烈女的牌坊，要数光绪三十一年的"孝贞节烈坊"最为著名。虽然距今时间短，形制也十分简陋，用材做工更是寒酸，但坊额上的文字却是触目惊心："徽州府属孝贞烈节六万五千零七十八名"。这是在20世纪初西风东渐之时，封建王朝即将没落之前给徽州妇女的最后挽歌。传统女性在封建礼教制度的重压下，滴血含泪守节，把自己紧紧封闭起来，扭曲人性，把生活变成阴森森的人间地狱。

未婚夫夭亡，订过婚的未婚女子以自杀的方式以示贞节，这种女子被称为"烈女"；未婚夫亡后甘愿到夫家，终生守着夫家，孝敬公婆，这样的故事也时有发生。守贞对未婚女子来说是极其残酷的，是封建伦理道德观念残害妇女的又一表现。

鲁迅先生在《我之节烈观》一文中说："古代的社会，女子多当作男人的物品。或杀或吃，都无不可；男人死后，和他喜欢的宝贝，日用的兵器，一同殉葬，更无不可。后来殉葬的风气，渐渐改了，守节便也渐渐发生。但大抵因为寡妇是鬼妻，亡魂跟着，所以无人敢娶，并非要他不事二夫。

● 美丽的少妇，似乎只有
  二十岁，却有四五岁的
  儿女。

这样风俗，现在的蛮人社会里还有。""由汉至唐也并没有
鼓吹节烈。直到宋朝，那一班'业儒'的才说起'饿死事小
失节事大'的话，看见历史上'重适'两个字，便大惊小怪
起来。出于真心，还是故意，现在却无从推测。其时也正是
'人心日下，国将不国'的时候，全国士民，多不像样。或
者'业儒'的人，想借女人守节的话，来鞭策男子，也不一
定。但旁敲侧击，方法本嫌鬼祟，其意也太难分明，后来因
此多了几个节妇，虽未可知，然而吏民将卒，却仍然无所感
动。于是'开化最早，道德第一'的中国终于归了'长生天
气力里大福荫护助里'的什么'薛禅皇帝，完泽笃皇帝，曲
律皇帝'了。此后皇帝换过了几家，守节思想倒反发达。皇
帝要臣子尽忠，男人便愈要女人守节。到了清朝，儒者真是

愈加利害。看见唐人文章里有公主改嫁的话，也不免勃然大怒道，'这是什么事！你竟不为尊者讳，这还了得！'假使这唐人还活着，一定要斥革功名，'以正人心而端风俗'了。"对贞节观的讽刺，实在是鞭辟入里，不愧是伟大的鲁迅先生。

《古今谈丛二百图》记录了这样一段话："古之节烈者，如割鼻、断指、毁身、涂面、截发、刎颈诸烈女，其皆有万不得已之苦衷，不能自全之善策。"并叙述了一女年方二十，夫溺水而亡。有王某人见其芳年美貌，偷偷将重金给其公婆，强行纳妾。一日，骗女子改换艳服，拖入轿中，抢赴王某家中，不到半里路，便见轿门内血如泉涌，那女子食管已断，右手还握着剪刀。"慷慨捐躯易从容，殉节难守节尤难"。《古今谈丛二百图》有另一个故事，说是金氏许配张阿采为妻，已行六礼之最后程序，吉日时，花轿至半路，方知张阿采急病身亡。张家嘱请花轿和金氏折回娘家，金氏知道后坚决要过门守节，誓不回娘家另嫁他人。传统社会中

【福字梳头笼】

● 精微别致的梳头笼，上书福字，下级寿桃，寓意福寿双全。

有上天保佑节妇、守节升天等迷信宣扬。守节的故事广泛流传，也加深这种观念，致使这种不合人性天理的名节观念成为传统社会的主流。

　　明代是倡导贞节观最甚的时代，《明史》中记载的贞节烈女竟"不下万余人"，其中尤为优胜者，也有三百余人。此时强调守节要守得苦，尽节要尽得烈，妇女为求贞节之惨烈，令人瞠目结舌。如有烈妇叶三妻子蔡氏，叶三久病，她悉心照料。叶三临死前，拉着她的手说："趁我活着时，你改嫁，不是少受三年苦吗？"蔡氏听了，梳洗换衣，袖里藏刀，上前对丈夫说："我先走了。"说完自刎而死，叶三亦大惊而亡。

　　丈夫亡故，年轻女子自毁容貌，也是很普遍的现象。

　　进入清朝以后，贞节的含义变得十分偏狭，似乎成了一种宗教形式，女子偶被男子调戏也要寻死。女子的生命紧紧维系在贞节上，非但夫死守节成了天理，未婚夫死，也要尽节，稍有变故，便以死全节。

　　古有云："饿死事小，失节事大。"对男人而言，若娶失节者为妻，是男人自己失节。

　　在贞节观念下，婚事必须通过媒人，由父母做主。自己

【贞节垂芳匾】

　◉ "饿死事小，失节事大。"遵守着这样的圣训，传统妇女的贞节操守，就像融在血中的基因一样，代代相传。

◎ 贞节

145

选择配偶，即是私奔，是辱没门庭的淫乱之举，倘被发现，将会被族人处以酷刑。许多女子因未通过媒人或背着父母与人相恋，就被认为是不贞的淫女。即便是有身份的才女也不例外。元代《诗话类编》中记录了一个吴姓女子的故事。吴氏从小聪明，爱好吟诗。村内有个叫郑禧的男子，很有才华。两人常常以诗词为媒，往来唱和，并产生爱慕之情。郑禧向吴家父母求婚，但吴家父母认为未经媒人而私下相好是不合礼教的不贞行为，坚决不允许。最后女儿郁愤而死，才女曾经作词诉怨："缘惨双鸾，香魂犹自多迷恋。芳心蜜语在身边，如见诗人面。又是柔肠未断，奈何天不从人愿。琼消玉减，梦魂空有，几多愁怨。"

虽然今日我们尊重隐私权，维护女性自主权，已不再过分甚至是超越人性地强调所谓"贞节"，但"贞节"问题依然会引起夫妻间的许多矛盾。

我有饲养白鹅的爱好已有十多年了，早年曾写过《东园饲鹅》一文，现摘其中一段，作为这一章的结束语吧："传说白鹅泄泪洗净一身清白，让我想起古代的贞节妇女，以眼泪支撑人们认为的贞节美德，女子一生的眼泪化为坚硬的顽石，铸成了贞节牌坊。"

◎ 贞节

◉ 朱金小圈椅

第十三章　精雕细琢美红妆

　　我国对古代家具的研究、对传统婚俗的关注，已经有很长的历史了，但古越大地上特有的红妆家具却一直不为人所识，其独特的婚嫁风俗和嫁妆没能为更多的专家学者所关注。

　　从用途上看，家具可以分为四个体系。一是宗庙家具，祠堂、寺庙、佛堂专用，底漆以黑色为主，金线点染，雕刻《封神演义》故事为多，与神灵对话，彰显神秘。典型器具有佛案、神堂等。二是中堂家具，如翘头桌、八仙桌、太师椅等，清水木纹，追求庄严，体现气势，是一个家庭公共空间的主要摆设，也是家庭及主人威仪的象征。三是书房家具，书柜、文案、博古架等，是家具中最具个性化也最能体现文人心态和儒雅风格的家具体系。四是内房家具，也称红妆器物，是喜庆吉祥、热烈奔放的婚嫁场面所需要的，也是女主人私人空间内特有的家具，直接体现女性审美情趣，表现女人特性。红妆器物的造型圆润而空灵，简约而委婉，线条变化富有女性韵律，洋溢着女性特有的气息。

　　20世纪70年代初，在余姚河姆渡遗址中发现一件红色漆

【小提桶】

◉ 流畅的提手和桶体线条，一虚一实，一阴一阳，构成了空灵而饱实的体形，仿佛江南女子婀娜起舞时的杨柳蛮腰。

【皮箱】

◉ 压花皮箱，形如高枕，正面压刻朱金相间的松、竹、梅岁寒三友图。

碗。据专家考证，这是世界上最古老的朱砂涂漆的器物，距今已有七千多年了。这种工艺世代传承，清末民初在江南地区依然流行。

红妆器具的一种昂贵材料是朱砂。朱砂即丹砂，是硫化汞在一定温度下呈现朱色的矿物晶体，以产自湖南辰州的为最佳，其矿物名就叫"辰砂"。中医以其安神定心之效入药，画家则以朱砂做印泥盖图章，颜色千年不变。

朱砂矿产存量稀有，因此价格高昂，"一两黄金三两朱砂"。优质的朱砂硬度高。漆工学徒首先要掌握锤朱、磨朱、吹朱和调朱的工艺。锤打朱砂有专门的铁锤和铁缸，缸上有木盖，盖上有个通铁锤木柄的小孔洞，铁锤上下敲打，木盖可挡住缸内飞溅的朱砂。打碎朱粒后，要碾磨，也是在铁缸内用铁锤反复碾磨，直至粉细。接下来是吹朱，将磨细的朱砂用空心的竹管口吹，将最细的吹飞，集中在一侧，收集吹不飞的，再重新锤打或碾磨。总之，越细越好，最后调漆使用。

黄金是红妆器具的又一重要装饰材料。主要是利用黄金可塑性强的特征，打制极薄的金箔，用作装饰。黄金的色彩可以和红色、绿色、黑色等任何不同的颜色搭配，而不失其富丽华贵之本色。红色和金色把婚嫁器具的喜庆吉祥、热烈奔放装点到了极致。

红妆器具选择当地优秀的木料制作，木料不求颜色，不求纹理，但强调不变形，不起翘，框档以梓木、榉木、银杏为上乘，板料以樟板、杉板、杏板等为主，雕刻部分则多为香樟和银杏，也有故意在同一件婚嫁器具上选用五种树木，寓意"五树其昌"，讨个吉彩。当地人称准备木料为"出料"。随着女儿渐渐长大，父母早就准备好红妆器具制作的木料，木料要干燥，以保证漆面不开缝。

红妆器具更讲究榫卯结构。中堂和书房常见木纹木理的清水家具可以有收缩缝，但红妆器具必须要求框档和面板平整而不破漆面，不起界线，故要有更精密的榫卯结构，要求双榫或明榫。双榫增加相交面积，增加强度；明榫可以在榫口上打上倒梢。面板要增加排档，以保证框档和面板的紧缝程度。

为了方便拆装和搬运，或者为了冬夏变换屏风，婚床或小姐床需要活榫。有些在活榫上做个机关，或先拆一半，再往里推，或先往上移，进半榫，再往下压。活榫十分巧妙，组装时既方便，又别有趣味，如同小孩玩家家。不了解活榫的机关结构是拆不开的，硬拆必会拆断榫头，损坏重要

【描金勾漆图】

◉ 朱漆为底，勾上生漆，再描金，朱金相映，华贵美丽。

十
里
红
妆
女
儿
梦

的结构。

红妆家具的结构主要分床架类、柜桌类、椅凳类、桶盘类等。小木作和圆木作是木作的第一道程序。小木作和圆木作是"两姐妹"，虽然都拜鲁班为祖师，但师承有别，各有工具，各有制作手法。小木作也称细木作，有别于大木作，大木作从事建筑的梁架营造，而小木作从事室内的装饰和家具的制作。圆木作，也称箍桶匠，专门从事圆桶、圆盘等圆木器具的制作。

部分红妆器具木作完成后不需要雕作，直接打磨上漆，但多数红妆器具需要局部雕作来完成。雕作亦称雕花匠，专门从事木雕刻，雕刻是红妆器具的重要装饰。雕工完成后便开始组装，组装后打磨上漆。有的地区漆和雕由同门匠作完成，但往往会专此弱彼，故优秀的匠作必会严格区分雕作和漆作。

内房是隐私的空间，一些房前桌、床头柜、大衣柜里会有暗柜或暗抽斗。有的房前桌会在后面做个半抽斗，靠在窗下，须移开桌子才能知道背面的暗抽斗。有的房前桌竟在角花内藏个三角抽屉，不设铜拉手，和挡板一样平整，但主人知道哪块挡板可以移动，便会藏些私密或值钱的首饰之类的物品。床头柜的机关更丰富，有的会在柜侧开个长而窄的小抽屉，破侧板而出；有的是在束腰处插进腰条板，从束腰夹缝里拉出极薄的抽斗来；有的则在柜底里留下一隔，看似已经到底，但底板下仍有真底板，只是隔板而已；有的在大柜中间抽斗上方藏着空间，明抽斗拉出，可将小物件藏于两侧小仓库里。有的木桶桶底里有两个底板，拉开挡底，有深约寸许的空间，而桶内装着五谷杂物，有极强的隐秘性。

这些机关也只有内房家具上才会有。我们想象着从娘家

152

来的嫁妆中，父母告知女儿那里有个机关，而新娘一直不告诉新郎，直至成为婆婆也保留自己的一点隐私空间，这是何等有意思啊。

中国木雕有"徽州木雕"、"东阳木雕"、"宁波朱金木雕"和"潮州木雕"等。红妆器具中的木雕便是宁波朱金木雕。因此十里红妆的分布地域是在浙江宁波、绍兴、台州等浙东南地区。朱金木雕指的是以朱漆和贴金做表面装饰的木雕，有时指物料为朱和金，又指色彩为朱色和金色。

红妆器具中的木雕题材，十分广泛，但雕龙刻凤是传统家具装饰的独特现象，龙凤呈祥是婚嫁或居家最美好的祈求。

红妆器具中的其他装饰题材也十分广泛，常见有"麒麟送子"、"喜上梅梢"等喜庆吉祥的内容。红妆器具上关于多子多福、父爱母慈、相夫教子的题材最具代表性，比如一些架子、柜、桌和椅子等家具两腿之间的壶门中刻着一只熟

【鹅桶】

◉ 提桶的整个造型是一只鹅，鹅头作提手，鹅翅作桶盖，构思奇特。这样的创作灵感只有生活在乡间地头的工匠才能有。

【红妆木雕】

● 男女相戏，男子手握女子小脚。在传统社会，这样的题材已经是极其浪漫的了。

透的石榴，石榴多子，又刻在两腿之中，其寓意可想而知。

红妆器具的木雕装饰有的并非单独构图，而是巧妙地应用在器物的出头处。如衣架的两头刻个龙头或凤头，称龙门衣架或凤门衣架，使衣架形成整体呼应，架身便成了龙身或凤身；在盆架的收口上，刻几个狮子或守望着家园，或呵护着面盆。在提桶的提手和桶体接点上刻个龙头，在茶壶口上刻个兽面，桶的提手刻个鸭子，盖上刻着鸭子翅膀。这些巧妙的艺术表现形式画龙点睛，使家具充满动感和生气，让人爱不释手。

有的红妆器具的木雕装饰表现在床的腿上、台架的脚上，让四个狮子承托着整个家具，十分有趣，床腿上的兽面充满神秘色彩。

红妆器具的装饰还有绘画，绘画是在漆面上完成的。首先在漆面上用墨线勾勒出线条，然后用纯漆勾画，漆调得干稀适中，勾画的线条形成凸起的阳线图案。勾漆需要运用臂力，未严格训练很难完成整个工艺流程。勾漆后是描金，用金粉描绘，补充线条和图案，最后贴金，用极薄的手工打制的金箔贴在画面上。

红妆器具装饰中的屏画十分丰富。这些用白粉作底五彩描绘的床屏画，生动活泼，表现了自由而且富有乡土文化气息的绘画风格。

红妆器具装饰中的朱砂色料和勾漆现已无人制作，恐怕要失传了。但贴金因为常用于佛像的制作，倒是还在传承。

红妆器具的装饰还有水银、青金石粉、黛粉等天然色料做木雕的背景底色，贝壳粉镶边饰等工艺。青金石呈青黑色，坚硬异常，需打碎磨粉；黛粉呈淡绿色，是植物的花粉，提取也极不容易；贝壳相对较多，但切片、造型、拼图等工艺较为复杂。

红妆器具的装饰还有泥金彩漆。泥金其实是瓦灰和生漆调合，运用压塑或手塑的方法堆于构件上，然后贴金上彩，虽然是另类工艺，却是朱金木雕的重要补充。

红妆器具的装饰还有琉璃镶嵌，一般都镶嵌在大柜罩沿、大床夹柱或木桶的提滴上。朱金中一点翠绿，透着碧玉般的折射光，十分耀眼，使红妆器具顿生珠光宝气。

红妆器具装饰的铜件搭配也富有特色。铜件本来是功能性物件，用作箱子的合页和提手、抽斗的拉手、柜门的锁柱、桶盘的紧箍等。但红妆家具中的铜件把功能和装饰巧妙地结合在一起，成为重要的美化手段。

红妆器物的色彩和品性无不显示主人富贵的身份和殷实的家底，无不体现婚嫁喜庆吉祥的气氛，无不体现祥和、宁静的居家生活以及女性多彩的审美特色。

【皮箱】

- （上）皮箱洋溢着喜庆吉
  祥的气氛，是婚嫁礼俗
  的需要。

【清式三斗桌】

- （左页）造型庄重厚实，
  抽斗底下有暗室。屉面
  的铜饰与满雕草龙和缠
  枝花草纹相映衬，使桌
  子显得富贵气十足。

◎ 精雕细琢美红妆

【明式扶手椅】

◉ 传统社会，女子不能整
　个身子落座，要轻点座
　具，且只占一角，以示
　尊重夫君。这把椅子扶
　手缺一角的设计，便是
　这一观念的体现。

【圈椅】

◉ 小巧的朱红圈椅，是女
人的专坐。流畅的椅
圈，让人想起女性形体
特有的优美线条。

159

【龙纹桶】

◉ 龙纹雕刻是嫁妆中主要
的装饰题材。

【堆塑提桶】

◉ （右页）这个提桶在工
艺上采用了圆木拼接、
提手烧弯、铜丝紧匝、
堆塑贴金等技艺，精美
绝伦。

【滴子桶】

◉ 滴子是果桶的点睛般
装饰。琉璃滴子珠光宝
气，使光素的圆桶显得
精美华贵。

十里红妆女儿梦

【木雕婚嫁图】

◉ 鼓乐喧天，炮仗齐鸣，
十里红妆婚嫁的热闹场
面呼之欲出。

164

后记

儒家把"孝"放在重要的位置,强调对父母的"孝道"。女人是人类的母亲,但是,孔圣人和他创立的统领了中国千百年的儒家思想,关于女人的概念似乎有点矛盾。

在男尊女卑的中国传统社会中,女性始终在窄小的空间中艰难生存。但父母对女儿却始终有着浓于水的骨肉深情,因此便常有十里红妆嫁女儿。

在丰富的红妆遗存中,我们看到了浩浩荡荡延绵数里流金溢彩的嫁妆,看到了旧时女子结婚时坐花轿的风光场面,也看到了梦幻般的少女情怀和无奈的闺阁幽怨。我们发现了女婴被亲生父母谋杀的悲剧,似乎听到子孙桶内凄惨的啼声;看到了血水、脓水、泪水铸成的三寸金莲,也看到了因一双精致的小脚而一生感到荣耀的所谓美丽;看到了三妻四妾争风吃醋的情景,还有许多关于女子的神秘而又并不遥远的故事。

面对昂首行走的快乐的时尚女子,回头探望蒙尘的传统女性的欢乐和悲哀,这些尘灰并不坚厚,我们的奶奶们和外婆们亲身经历过,我们的母亲们都清清楚楚。但这些对我们年轻的一代而言,却如同隔着千山万水,隔着铜墙铁壁,隔着黑暗的历史时空。无论曾经有过怎样的辉煌或艰难,历史总是无情,淹没我们曾经有过的悲欢离合,有过的不同时期所谓的"精华"和"糟粕",唯有这欲说还休的婚嫁风俗,唯有这民间工匠创造的件件物品,依然流露着点滴文明的星光。

本书所展示的十里红妆婚俗以及由婚嫁而延伸的传统女性生活,是经历了"文化大革命"以后在百废俱兴的年代重新整合的对婚俗文化概念的解读,是我二十余年婚俗文物的渐渐积累,以及许多专家学者和知情老人共同总结和回忆的结晶。浙江宁海十里红妆博物馆自创建至今已经七个年头，其间从理论探索到进一步文物整合，经历了相当艰难的过程。一些老阿婆参观展出后，激动得流下眼泪，不单是因为伤感曾经有过的岁月沧桑，也不是因为对流走的时代感到伤悲，而是因为她们看到了自己人生的轨迹，看到了曾经刻骨铭心的喜悦和痛苦。民俗学者们也十分惊讶，原来婚俗可以用实物来叙述，正如本书用实物图片来表达，来证明历史的真实性。"十里红妆"从民间对嫁妆队伍的一种夸张之说，演变成现代都市文化博物馆的正式名称，被民俗学家和传统女性文化探索者认同为一种特有的非物质文化遗产。

当然，对"十里红妆"所包含的历史、人文内涵的研究还刚刚开始，红嫁妆和女性器物所包含的内容不仅仅涉及民间婚俗，更重要的是依稀触摸到了那个时代中国女性神秘的生活和命运，她们的梦想，她们的泪水，这是本书所讲述的。

在本书付印之际，我要感谢陈志华、钱晓茗、贺平和范佩玲老师的支持，感谢摄影家郑旭明、李玉祥和徐培良老师的帮助，感谢中华书局朱振华、许旭虹和许丽娟老师认真负责的协作，更要感谢田青老师百忙之中为书作序。我还要向我的妻子道谢，是她和我一起，二十余年来艰难地行走在乡村，为收集十里红妆而不懈努力。

2008年5月于十里红妆博物馆

图书在版编目（CIP）数据

十里红妆女儿梦／何晓道著．—北京：中华书局，
2008.5（2017.10重印）
ISBN 978-7-101-06121-5

Ⅰ.十… Ⅱ.何… Ⅲ.女性－古代生活用具－简介－浙
江省 Ⅳ.K875.2

中国版本图书馆CIP数据核字（2008）第054315号

书　　名	十里红妆女儿梦	
著　　者	何晓道	
责任编辑	朱振华　许旭虹	
装帧设计	许丽娟	
出版发行	中华书局	
	（北京市丰台区太平桥西里38号 100073）	
	http://www.zhbc.com.cn	
	E-mail:zhbc@zhbc.com.cn	
印　　刷	北京雅昌艺术印刷有限公司	
版　　次	2008年5月北京第1版	
	2017年10月北京第2次印刷	
规　　格	开本787×1092毫米　1/16	
印　　张	11	
国际书号	ISBN 978-7-101-06121-5	
定　　价	88.00元	